DAYDREAM NATION

© Matthew Stearns, 2007
Esta versão foi publicada a partir do acordo com a Bloomsbury Publishing Plc.

Matthew Stearns

DAYDREAM NATION

Tradução de
Julia Sobral Campos

Cobogó

SUMÁRIO

Sobre a coleção **O LIVRO DO DISCO**   7

Agradecimentos   9

Daydreamin' Days in a *Daydream Nation*, por Lee Ranaldo   11

Prefácio   15

Introdução   17

Capítulo 1. Esse disco come orelhas   23

Capítulo 2. "Comprimindo", disseram as paredes para o quarto   45

Lado um

Faixa um: "Teen Age Riot"   61

Faixa dois: "Silver Rocket"   73

Faixa três: "The Sprawl"   83

Capítulo 3. Rumo a uma nova economia do som, dos objetos e da genitália   89

Lado dois

Faixa quatro: "'Cross the Breeze" 105

Faixa cinco: "Eric's Trip" 111

Faixa seis: "Total Trash" 123

Capítulo 4. A vela gritante e a curiosa avó russa 127

Lado 3

Faixa sete: "Hey Joni" 137

Faixa oito: "Providence" 147

Faixa nove: "Candle" 151

Faixa dez: "Rain King" 155

Capítulo 5. Nããããã(sim)ooooo! 159

Lado 4

Faixa onze: "Kissability" 173

Faixa doze: "Trilogy: (A) The Wonder" 177

Faixa treze: "Trilogy: (B) Hyperstation" 181

Faixa catorze: "Trilogy: (Z) Eliminator Jr" 183

Extrodução 185

Discografia 187

Sobre a coleção O **LIVRO DO DISCO**

Há, no Brasil, muitos livros dedicados à música popular, mas existe uma lacuna incompreensível de títulos dedicados exclusivamente aos nossos grandes discos de todos os tempos. Inspirados pela série norte-americana 33 ⅓, da qual estamos publicando volumes essenciais, a coleção O Livro do Disco traz para o público brasileiro textos sobre álbuns que causaram impacto e que de alguma maneira foram cruciais na vida de muita gente. E na nossa também.

Os discos que escolhemos privilegiam o abalo sísmico e o estrondo, mesmo que silencioso, que cada obra causou e segue causando no cenário da música, em seu tempo ou de forma retrospectiva, e não deixam de representar uma visão (uma escuta) dos seus organizadores. Os álbuns selecionados, para nós, são incontornáveis em qualquer mergulho mais fundo na cultura brasileira. E o mesmo critério se aplica aos estrangeiros: discos que, de uma maneira ou de outra, quebraram barreiras, abriram novas searas, definiram paradigmas — dos mais conhecidos aos mais obscuros, o importante é a representatividade e a força do seu impacto na música. E em nós! Desse modo, os autores da coleção são das mais diferentes formações e gerações, escrevendo livremente sobre álbuns que têm relação íntima com sua biografia ou seu interesse por música.

O Livro do Disco é para os fãs de música, mas é também para aqueles que querem ter um contato mais aprofundado, porém acessível, com a história, o contexto e os personagens ao redor de obras históricas.

Pouse os olhos no texto como uma agulha no vinil (um cabeçote na fita ou um feixe de laser no CD) e deixe tocar no volume máximo.

Agradecimentos

O fato de este livro ter sido escrito se deve em grande parte ao apoio e incentivo de pessoas a quem devo uma porrada de agradecimentos. Uma explosão toda especial de gratidão ao meu editor, o bom Dr. David Barker, por seu bom humor e sua paciência digna de Buda frente aos meus terríveis atrasos, colapsos frequentes e ritmos erráticos de produtividade. Ao Sonic Youth, cuja gentileza e retidão genuínas esmagam completamente o mito de frieza impenetrável tão erroneamente derivado, para tanta gente, da algazarra deslumbrante de sua música. Devo um grau adicional de agradecimento a Steve Shelley, por sua amabilidade esmagadora e assistência generosa; e mais um a Lee Ranaldo por suas contribuições vitais e seu entusiasmo inspirador. Muito obrigado também a Nicholas Sansano, por ter revisitado abertamente seus dias de estúdio com o Sonic. A Tony Scherr, obrigado por ter se responsabilizado por mim junto a Steve Shelley. Por terem me ajudado a me tornar algo como um crítico de música, com suas políticas editoriais ferrenhas, obrigado a Andrew Monko e Kris Kendall, da revista *Resonance*. A todos os meus amigos queridos pela insistência heroica em dizer "você vai conseguir escrever esse livro, ao contrário do que você acha" e pela tolerância com telefonemas desesperados no meio da noite: Al Schneider,

Jack "24/7/365" Troll, a Deb "bibliotecária de referência pessoal sempre de plantão" Raftus, tio Jason Lillis, Collin Gillespie, Dr. Brent "Rim" Ledvina, Barb Turner, Sr. Scottsies Hocker, Matt "Homem das Soluções" Swank, Amy Chapman, Chris "Scriv" Scriven, Charles "Controle de Fluxo" Terhune, Michael Stapert, Peter "Kubla" Kahn, Hitch, Molly "Vai Fundo" Hewitt, Nicole "Rosa" Brown, Sam "Cabeça Futurista" Bayard e Dr. Michael "Fuinha" Cant. À minha incrível família por me educar, me aguentar e me levantar outra vez (um obrigado extra à minha irmã Shannon por não prestar queixa contra mim quando eu roubei descaradamente seu exemplar do *Daydream Nation* tantos anos atrás). Por último, quero agradecer especialmente ao meu amigo de longa data Michael Montagano. Seu brilhantismo reluzente e inquieto e sua busca de beleza impossível têm tudo a ver com por que e como eu escrevi um livro sobre esse disco avassalador dessa banda avassaladora.

Daydreamin' Days in a *Daydream Nation*[1]

POR LEE RANALDO

É difícil agora pensar na cena musical tal como ela era quando começamos a compor e gravar *Daydream Nation*. Tivemos uma ascensão emocionante ao longo dos anos 1980: fazendo turnês pra caramba, tocando de um lado a outro do país, viajando pra Europa, gravando um bando de discos, levando nossas noções nova-iorquinas descoladas, acordes e pensamentos para o resto do mundo. Nosso perfil cresceu gradualmente, e a série de discos começando com *Bad Moon Rising*, passando por *EVOL* e *Sister*, fez nosso público aumentar; as pessoas começaram a ouvir e tomar conhecimento do que estávamos fazendo. Estávamos nos pressionando para ver do que éramos capazes. Os discos recebiam críticas, as pessoas vinham nos assistir e iam embora excitadas com a música.

Ao mesmo tempo, a cena que havia nos alimentado ao longo dos anos 1980 estava começando a se fragilizar. Bandas passavam para as grandes gravadoras (Huskers, The Replacements, R.E.M. e Soul Asylum, todas antes de nós) e nao havia dúvida de que algumas sementes de mudança estavam no ar. Nós mesmos estávamos prestes a embarcar em uma relação

---

[1] Dias de devaneio numa nação de devaneios. (N.T.)

com uma gravadora nova e pouco familiar, deixando o cobiçado status da SST [gravadora Solid State Transmitters] para trás. Reagan ainda estava na presidência, nos deprimindo, mas ele também logo sairia. Ainda assim, havia novas bandas a serem descobertas (tal como a então nascente Dinosaur — que depois virou Dinosaur Jr. — e, logo na esquina, bandas como Mudhoney e Nirvana), nos inspirando, nos impulsionando em novas direções.

Entramos no estúdio, como de costume, sem grandes ideias preconcebidas, apenas tentando nos manter focados na música e deixar as interações auditivas da sala de ensaio nos levarem. Ensaiávamos então em um porão de pedra no East Village, e a coisa toda era apertada e viva (leia-se: alta) pra caramba lá dentro, seja lá que isso fosse. Então ligamos os amplificadores e começamos a luta com as estruturas que virariam mais tarde o disco *Daydream Nation*. O sucesso posterior de *Daydream* — a reação positiva tanto dos críticos como do público — nos alegrou muitíssimo. Se tivessem nos perguntado quando começamos, em 1981, o que esperávamos alcançar com a nossa banda, bem, a recepção de *Daydream* — que saiu no topo das listas de fim de ano das melhores músicas e de maneira geral teve um impacto na comunidade musical em que nos movíamos — foi a realização de quaisquer aspirações que poderíamos ter. Como disse certa vez um escritor: "Depois disso, o resto todo foi só o molho."

LEE RANALDO
Winnipeg, Canadá
Dezembro de 2006

Kim "♀" Gordon — Baixo, guitarra, vocal
Thurston "Ω" Moore — Guitarra, vocal
Lee "∞" Ranaldo — Guitarra, vocal
Steve "🐾" Shelley — Bateria

As citações que não possuem referência
são de conversas que ocorreram entre o
Sonic Youth e o autor em 2005-06.

Prefácio

A América não é tanto um pesadelo quanto um não sonho. O não sonho americano é precisamente um movimento para liquidar a existência do sonho. O sonho é um acontecimento espontâneo, e por isso mesmo perigoso para um sistema de controle estabelecido pelos não sonhadores.

— WILLIAM S. BURROUGHS, *The Job* [O trabalho] 1989

A forma é tudo o que temos para nos ajudar a lidar com fatos e violências fundamentalmente caóticos. Dar forma a algo já é um ótimo começo. Eu confio na forma, confio no meu sentimento ou capacidade de encontrar a forma certa para algo. Mesmo que isso só aconteça quando nos organizamos bem, isso também é forma.

— GERHARD RICHTER, *The New York Times*, 4 de julho de 2004

Um atrito nasce do acoplamento dessas duas perspectivas (uma delas um diagnóstico cultural, a outra uma prescrição estética), um atrito faiscante que acontece quando noções antagônicas como "o espontâneo" e "o formatado" se chocam em um enlace volátil. O que resulta desse atrito? O que ele gera? Seguem algumas respostas diretas: breakdance, profanidade, vodu, montanhas-russas, pichação, pirotecnia e o Daydream Nation do Sonic Youth. São todos casamentos perfeitos de rebeldia e estrutura.

Introdução

O silêncio gestante. Fantasmas assombram o barranco destruído. Prostitutas em desespero examinam tornozelos amarelados. Reagan ferve. Crimes atrozes surgem na extremidade do horizonte de vinil.

O vazio prenhe aguarda.

Escute com atenção e você o ouvirá naqueles momentos de silêncio não-tão-silencioso antes de a música emergir. Ele vive nas frações de segundo do vácuo que vacila à beira de qualquer disco. Acontece *looooogo* depois que a agulha encosta no vinil (ou que o ímã se aconchega na fita, ou que o raio laser atinge o CD, escolha a sua tecnologia — para mim, o pouso da agulha na cera parece o formato mais potente, a fisicalidade do procedimento é a mais visceral) e *looooogo* antes do início do som gravado. Vive também no espaço entre as faixas. E fica ali, se arrastando ao fim de um disco, naquela breve pulsação de silêncio que acontece depois que as últimas notas se dissolvem. Como eu, você provavelmente já o viu calar grandes ambientes cheios de pessoas, incitando um silêncio tão grande que se ouviria cair uma agulha, semelhante àquele dos rituais sagrados (meditação em grupo, oração, momentos públicos de silêncio). Ele foca a atenção coletiva e introduz um quê de drama, ansiedade, inquietação. Mas pode ser ameaçador também. Veja a agitação aguda e a ansiedade que tomam conta das pistas de dança como um vírus quando o DJ faz uma transição descontínua entre uma gravação e outra. Repare também no alívio correspondente (geralmente marcado por uma salva de palmas) que desce sobre a multidão quando o silêncio tabu e desconfortável é engolido pela música seguinte. Esse silêncio barulhento existe em uma espécie de estado limiar, entre duas coisas: ele é som, mas não é música. É desprovido de substância, mas no contexto de nossas gravações preferidas pode evocar uma variedade de emoções, memórias e narrativas associadas à música que ele cerca. É um paradoxo instigante que nos deixa confusos: vácuo com conteúdo, gestação no vazio.

Por algum pequeno milagre auditivo, esses *vazios-cheios* se incorporam mnemonicamente na experiência global de ouvir os nossos discos preferidos. Com o tempo, esses vácuos passam por uma espécie de consagração. Integrando-se ao nosso sistema neurológico, acabam se tornando tão fundamentalmente importantes quanto a própria música. As sequências de chiados e estalos em um vinil, a ligeira flutuação no sibilo de uma fita cassete e até a cadência rítmica imaculada das pausas digitais entre as faixas de um CD, todas se abrigam em nossa memória com a mesma permanência que as músicas que intercalam. Nos discos que nos são mais familiares e essenciais, durante as pausas, antes, depois e entre as faixas, podemos literalmente *ouvir* a música seguinte antes mesmo que ela comece. Esse fenômeno é confirmado e fortalecido quando ouvimos uma música de algum disco que veneramos tocando em um mix, em streaming ou na rádio. Deslocada do seu lugar adequado na sequência do disco, a música parece um refugiado sonoro mandado para um exílio sônico temporário. Quando a faixa que segue ou antecede não é a mesma do disco de origem, somos tomados por uma vaga desorientação. Um alarme interno dispara. Temos a sensação sutil, porém muito real, de que há algo errado, e o lugar do cérebro onde mora aquela gravação fica um pouco confuso. Às vezes, quando isso acontece comigo, preciso pegar o disco em questão e ouvi-lo de cabo a rabo para realinhar corretamente os diversos corpos planetários que formam o meu cosmos auditivo.

Há vidas e mundos inteiros contidos nesses espaços vagos dos discos. Como as reentrâncias de margens e parágrafos nas páginas impressas de um livro — particularmente na localização física de poemas na página —, a disposição espacial participa do impacto da linguagem. A inexistência vazia e fechada que paira em torno das palavras ajuda a ativar nossos receptores, emoldurando o material contido dentro do seu delineamento, abrindo o caminho e focando nossa atenção.

Nos nossos discos favoritos, os vãos silenciosos que cercam as faixas agem de forma bem semelhante. Sua presença é parte ativa da assimilação da música. Parecem abrigar fantasmas eletromagnéticos semimudos, permanentemente pendurados em órbita suspensa, cada figura espectral silenciosa contando parte da história do disco. E não importa quantas vezes já as tenhamos ouvido, essas histórias de fantasmas resistem à monotonia e se recusam a envelhecer.

Esses espaços têm importância.

Logo antes que a melodia da guitarra de abertura surja em *Daydream Nation* do Sonic Youth, temos um momento para nos acalmar, respirar fundo e nos preparar para o impacto. No intervalo desses poucos segundos iniciais, com o ouvido certo, juro que é possível escutar as seguintes coisas:

1. A cidade de Nova York (incluindo, mas não limitando-se a: metrôs retumbando, táxis berrando, diversas operações municipais desordenadas, a distribuição e o recebimento de bens e serviços, tanto legítimos quanto criminosos, o acúmulo de lixo em cada fenda concebível das estações de metrô, o tagarelar de prostitutas com insuficiência renal injetando porcarias em seus pés ictéricos na 10ª Avenida).
2. Uma frustração fervente com o esquecimento infantil de uma América do Norte dos anos 1980, "reaganizada", e sua concomitante anestesia cultural.
3. A culminação necessária e a regeneração intensa de um som que ajudou a mudar a maneira como o rock *podia* soar.
4. Paredes se fechando sobre quatro pessoas prestes a ter um ataque prolongado de claustrofobia.
5. Uma revisão brutal e impiedosa da função da feminilidade no rock.
6. O mapeamento meticuloso, a montagem cuidadosa e o andamento consumado de um disco duplo singularmente indie.
7. Uma banda de rock experimental prestes a fazer algo, ironicamente, *perfeito*.
8. O barulho de uma baqueta sendo enfiada no corpo de uma guitarra.
9. O murmúrio elétrico apaziguador de um processador de efeitos Ultra-Harmonizor H3000-D/SE.
10. Um disco se precipitando de maneira temerária em direção às conclusões mais macabras e, em certos aspectos, mais lógicas possíveis: *estupro e assassinato*.

Ao navegar pela paisagem sonora de *Daydream Nation*, este livro seguirá algumas deixas estilísticas e formais do próprio disco. Os capítulos centrais serão divididos em quatro partes, cada uma imitando o layout de quatro lados do lançamento original em vinil. As seções dentro desses capítulos irão se concentrar, sequencialmente, em cada uma das 14 faixas do disco (contando "Trilogy" como três faixas distintas sob um mesmo título). Assim como *Daydream Nation*, o livro tomará liberdades preambulares e periféricas (daí o prefácio, a introdução, a extrodução e as notas de rodapé).

Como no disco, há pausas implícitas, embutidas na estrutura, que circundam os "lados". Essas pausas virão na forma de explorações digressivas (porém, espero, úteis) de elementos tangenciais tais como o trabalho artístico e a capa do álbum, dados históricos e influências e alguma perspectiva do Sonic Youth sobre a criação de *Daydream Nation*. Tudo isso é feito em um esforço para alcançar o coração do disco, um coração que pulsa empurrando *Daydream Nation* em direção à busca incansável do seu objetivo final: *catarse total do rock e regeneração sônica*.

Este livro pretende funcionar como uma escuta crítica e atenta de *Daydream Nation* e como peça companheira de apoio para aqueles que se inspirarem (ou reinspirarem, se for o caso) a fazer a travessia dos 70 minutos e 51 segundos mais fascinantes e ousados da história do rock contemporâneo.

Devo ressaltar que este livro não passa tempo algum discutindo acordes, notação musical ou tablatura. Se você gosta desse tipo de coisa, sinto dizer que não posso lhe ajudar em nada. Há muitas razões pelas quais o som do Sonic Youth é tão original, e uma das mais importantes é o fato de que eles têm 900 milhões de guitarras e cada uma delas é afinada de acordo com planos altamente insanos que só Lee, Kim, Steve, Thurston, uns dois técnicos de guitarra e a Divindade Suprema da Afinação Alternativa conhecem.

1. Esse disco come orelhas

Tiro na cara. Sonic Youth encontra Calvin Coolidge. Ondas de energia atravessam lóbulos e esterno. Algumas preocupações com discos perigosos. "Deixe-me sair daqui! Essas vespas estão cheias de ácido!" Abençoados sejam nossos primos no reformatório. Tire as calças!

> Deixe de ser tão maricas! Por que você não consegue se levantar diante de uma melodia forte e de boa qualidade como esta e usar seus ouvidos como um homem?
>
> — CHARLES IVES, 1931

Certos discos chegam como balas vociferantes em momentos cruciais e rasgam a cara da música em dois, expondo uma musculatura sônica há muito ocultada, arrancando tecido tonal de órbitas antes inexploradas e fundindo tudo junto outra vez em uma forma que é ao mesmo tempo estranhamente familiar e irreconhecível. Com frequência, esses discos têm uma relação peculiar com o tempo. Por um lado, eles conseguem surgir como exatamente o que era preciso em seu atual ponto de entrada, como sendo necessários e exclusivos ao ambiente do qual nasceram. Por outro lado, esses discos podem parecer ligeiramente afastados das continuidades limitadas e locais, aparecendo no presente como se trouxessem notícias sobre a música do futuro. Muitos deles se tornam os discos que aparecem constantemente em todo tipo de listas críticas de admiração, que são reeditados com regularidade embaraçosa e mantêm seu lugar em nossas coleções, mesmo depois de limpezas e mais limpezas, com uma resiliência firme. Apesar da legitimidade dessas consequências — e, por favor, não deixem de compilar suas listas de melhores músicas, reeditem até que seus cérebros explodam e cultivem essas coleções permanentes —, elas têm a tendência infeliz de ofuscar a realidade do impacto inicial e da força residual de alguns desses discos. O historicismo do rock pode ser uma atividade diluidora e desvalorizante. Alguns discos que estão nessa categoria, no entanto, são absolutamente imunes a esse enfraquecimento que resulta do tratamento crítico excessivo e prolongado. Coloque-os no toca-discos hoje e eles farão furos nos limites mofados e pelancudos da música com a mesma força e violência com que o fizeram na primeira semana em que foram disparados para fora do depósito do distribuidor. *Daydream Nation* é um exemplo perfeito dessa categoria de discos.

Tendo sido estrondosamente canonizado como ponto de referência fundamental nas crônicas de expressão avant-rock, o disco *Daydream Nation* colheu elogios abundantes, aplausos da crítica e honrarias desde seu lançamento relativamente modesto, no início do outono de 1988. Gravado por um custo distintamente acessível de 35 mil dólares (mais ou menos), o lançamento do disco, em outubro de 1988, foi marcado por uma adulação crítica imediata e universal. O disco ficou em segundo lugar, posição mais que digna, na lista Pazz & Jop de melhores discos do ano (sempre esperada com ansiedade) do jornal *Village Voice*, logo depois do disco *It Takes a Nation of Millions to Hold Us Back*, da banda Public Enemy. A *CMJ* lançou o *Daydream Nation* como primeiro colocado em sua lista de fim de ano, e os críticos da *Rolling Stone* como segundo. Na Inglaterra, tanto o *NME* quanto o *Melody Maker* listaram o disco em primeiro lugar na sua categoria. E se você gosta desse tipo de coisa, na terra imaginária das listas de melhores discos de todos os tempos, a *Rolling Stone* colocou *Daydream Nation* na posição 45, a *Spin* na 14 e, mais recentemente, a fiel e atenciosa revista *Pitchfork*, ainda que nova em folha no quadro amplo das coisas, colocou *Daydream Nation* na primeira posição em sua lista de melhores discos dos anos 1980. Com base nesse consenso e na minha própria experiência, acho que é seguro agora ir em frente e dizer que todo esse entusiasmo foi inteiramente, devidamente merecido. (Apesar do fato de que o tipo de pensamento que resulta na atribuição de superlativos a discos é, logo de cara — sejamos honestos —, meio suspeito, como proclamar um rei ou uma rainha numa formatura de rock.)

Este livro é, à sua maneira, assumidamente, uma extensão do discurso crítico elogioso que rodopiou e continua rodopiando, como um tornado, em volta de *Daydream Nation* desde que ele foi lançado, quase vinte anos atrás, contando a partir do momento em que escrevo. A excelência e vitalidade do disco estão aqui pressupostas, enquanto, ao mesmo tempo, o livro defende implicitamente a relevância histórica decisiva de *Daydream Nation*. Essa relevância se mostra tanto na trajetória do Sonic Youth como banda quanto à luz do impacto permanente do disco no desenvolvimento do rock contemporâneo independente, *avant-garde* e barulhento. Como se precisássemos de mais evidências para confirmar a importância histórica desse disco, em 2006 a Biblioteca do Congresso adicionou *Daydream Nation* ao acervo permanente do *National Recording Registry* [Registro de Gravações Nacionais], uma coleção de gravações de áudio que é considerada, segundo a biblioteca, "cultural, histórica e esteticamente importante", e que "participa da ou reflete a vida nos Estados Unidos". Não podemos deixar de celebrar isso como uma honraria merecida para o Sonic Youth, e ao mesmo tempo como uma vitória triunfal para todas as coisas marginais, ousadas e inovadoras. *Daydream Nation* divide esse louvor com homenageados como o discurso de posse de Calvin Coolidge e uma gravação da primeira conversa telefônica transatlântica oficial. De Coolidge a um telefonema transoceânico até *Daydream Nation*... de fato, um verdadeiro arco histórico.

Logo que soube da inclusão de *Daydream Nation* no *Registry*, me dei conta de algo que não tinha percebido antes: ele é de fato um disco de rock americano que, à sua própria maneira peculiar, "reflete a vida nos Estados Unidos". O aspecto desconcertante disso se deve ao fato de que, embora muitos de nós pelo mundo afora temos sempre sabido tacitamente que *Daydream Nation* "reflete a vida nos Estados Unidos", isso não era algo que esperaríamos que fosse articulado explicitamente por um órgão federal dos próprios Estados Unidos. É como ouvir os seus pais dizerem que as suas roupas são maneiras. "Eu *sei*! Não precisa *me* dizer isso!" Suponho que a resistência adolescente a qualquer manifestação de autoridade adulta demore para se desfazer. Ainda assim, a Biblioteca do Congresso teve razão de selecionar *Daydream Nation* para o seu acervo: o disco representa de fato um ponto de vista estético singularmente americano, ponto de vista este com base tanto no *noise-rock* underground de Nova York quanto no surgimento mais vasto de uma vanguarda fértil de rock americano independente.

Tendo dito tudo isso, no entanto, a preocupação principal deste livro é de natureza mais urgente. O plano verdadeiro aqui, além de buscar todas essas coisas histórico-administrativas importantes e perfeitamente razoáveis que citei, é alcançar o motor, o núcleo ardente que lança *Daydream Nation* em seu caminho incandescente, inflamável, e descobrir que tipo de combustível permite que ele avance em tais velocidades sem sair girando para o éter.

Há momentos em *Daydream Nation* em que as narrativas agregadas do disco, suas surpreendentes combinações sonoras e energias distribuídas atingem um grau de intensidade tão agudo que a coisa toda parece à beira da autoimplosão. Esses momentos, quando o disco toca em volume apropriadamente perturbador, têm corolários físicos que frequentemente envolvem ondas lancinantes de alarme pela espinha, descargas de energia pelos lóbulos e o esterno, tensão nos maxilares, palpitações e visão embaralhada. Se o ato de ouvir música requer certo grau de compromisso participativo da parte do ouvinte, e se esse compromisso acontece como uma espécie de fusão e identificação com o drama e a ação do disco, então *Daydream Nation* pede um compromisso e tanto. Com base no simples alcance do seu ataque, o disco representa uma ameaça direta e iminente à segurança e ao bom estar de seus ouvintes. No mínimo, ele ameaça a tranquilidade e a viabilidade estrutural das orelhas. Esse disco come orelhas, ele as mastiga com seus dentes sônicos pontiagudos (algo sobre o qual falarei depois) e as engole, inteiras.

Nesse sentido, cabe perfeitamente e não é nada vergonhoso ficarmos ligeiramente assustados com *Daydream*

27

Nation. Por sua reputação e tamanho, o disco se ergue como uma espécie de gigante descomunal do rock: uma monstruosidade avassaladora (já que monstros geralmente nascem de extremos, são poderosos, difíceis de conter, e têm proporções míticas, e *Daydream Nation* certamente se encaixa em todos esses quesitos) capaz de esmagar a força de vontade do ouvinte mais persistente e bem-intencionado, se ele não tiver feito as preparações necessárias.

No entanto, apesar de toda a intensidade, tensão e seriedade, *Daydream Nation* também se presta a uma autocrítica despreocupada e reflexiva. Com o uso de vários gestos brincalhões e escolhas irônicas que beiram a autossátira, a banda resiste de maneira louvável à tentação de se levar muito a sério, assim como ao disco, e, suponho, ao próprio rock'n'roll. Essas escolhas incluem: atribuir "identidades de rock simbólicas" a si mesmos (♀, Ω, ∞, 🐾) dentro da arte gráfica do disco, *à la* Led Zeppelin no auge da sua fase grandiosa de deuses do rock mito místico, por volta de 1971; usar uma fonte *heavy metal*, que mistura o bávaro, o germânico e o eslavo na lista de faixas e no encarte do disco; e incorporar uma trilogia musical de estilo rock progressivo. Esses elementos de *Daydream Nation* revelam o afeto coletivo e sincero do Sonic Youth pelos gestos e apetrechos da cultura rock'n'roll, mas ao mesmo tempo evidenciam um reconhecimento saudável e ligeiramente debochado das tendências mais grotescas dessa cultura. (Quer dizer: *identidades pictogrâmicas?!*) Essa frivolidade esbarra na gravidade potente que permeia a maior parte da paisagem musical de *Daydream Nation*. Um equilíbrio se cria nesse processo, que, por sua vez, ajuda a distribuir diferentes tipos de energia por todo o disco. É o que Steve Shelley confirma quando diz:

Sabe, Thurston escreveu "Teen Age Riot" — *que é uma música ótima*[2] — e o título original era "Rock'n'roll for President", e a música é meio sobre J Mascis. Quer dizer, não é um tema muito sério, para quem conhece o J. Talvez o humor em discos seja melhor em pequenas doses. A gente se divertiu muito com *Daydream*: tem a pintura de Gerhard Richter na capa e os quatro símbolos nos discos — era uma zombaria com nós mesmos: "Que LP duplo mais pomposo! Somos só mais uma banda de rock com um LP duplo! E tem até uma trilogia!" A gente estava se divertindo com os ingredientes típicos dos discos de rock, mas *sabendo* que eles eram típicos.

Como disco duplo, *Daydream Nation* faz companhia a dois outros importantes discos de indie rock dos anos 1980 — ambos formidáveis por seus próprios méritos, e que vocês

---

[2] A prática editorial padrão teria me feito cortar dessa citação a breve e subjetiva celebração que Steve faz da música "Teen Age Riot", mas vou deixá-la aí porque ela exemplifica uma qualidade da banda que merece ser demonstrada. É difícil reproduzir um tom de voz na escrita, as inflexões se perdem, afirmações contidas em movimentos físicos sutis ficam de fora, mas deixem-me tentar explicar o tom de voz com que Steve soltou esse pequeno comentário sobre "Teen Age Riot" e o que isso diz sobre a natureza do Sonic Youth. Nessa época, "Teen Age Riot" já tinha quase vinte anos: Steve estava lá surrando a bateria quando a música foi gravada e a vem tocando com o Sonic Youth desde então. Mas quando ele parou, no meio da frase, e se virou para me encarar com aqueles olhos brilhantes e sua característica seriedade juvenil, para me dizer como ele achava boa aquela música, foi como se ele a tivesse ouvido pela primeira vez naquela mesma tarde. Esse entusiasmo raro e honestidade veemente devem ter algo a ver com o motivo pelo qual o Sonic Youth continua intacto e opera de maneiras vitais e criativas depois de tantos anos, como uma unidade coesa, quando tantos dos seus contemporâneos nova-iorquinos *no wave* niilistas já deixaram de existir.

deveriam ouvir para contextualizar melhor as coisas —, o *Zen Arcade*, um hardcore retorcido, carnavalesco e psicótico da banda Hüsker Dü, e o *Double Nickels on the Dime*, disco de 44 faixas de sacudir o crânio dos Minutemen (ambos lançados em 1984 por uma das antigas gravadoras do Sonic Youth, a SST, que definiu toda uma era, apesar de sua administração questionável). Esses três discos representam uma Santíssima Trindade dominante nos primórdios dos discos duplos de indie rock, e juntos marcam um período de expansão criativa sem precedentes no que diz respeito às possibilidades do rock americano underground (ou outro). No entanto, *Daydream Nation* não foi planejado, em um primeiro momento, como disco duplo. Talvez isso mostre quanto a energia criativa do Sonic Youth vinha se expandindo, de maneiras que eles mesmos não estavam prontos para controlar. Quando começaram a pensar em ideias de faixas para *Daydream Nation*, a banda rapidamente percebeu que a música, afluente e transbordante como era, precisava de mais espaço para respirar. O formato padrão de dois lados do *long-player* não parecia ter uma circunferência grande o suficiente para acomodar a quantidade incômoda de material que eles estavam produzindo. Thurston relembra:

> Decidimos deixar que as músicas se esticassem de um jeito excessivo para um único LP, sabendo que um duplo daria conta do recado. Também fomos inspirados pelos lançamentos da SST com os discos do Hüsker Dü e dos Minutemen. A ideia de fazer um LP duplo ainda era um pouco radical nessa época para bandas como a nossa — uma era anterior a Deep Purple e Yes.

Os fundamentos musicais ricos e férteis estabelecidos em todo o país nos anos 1980 por bandas indie e de pós-punk como Dinosaur Jr., Black Flag, Butthole Surfers, Royal Trux, Laughing Hyenas, Green River/Mudhoney, Minor Threat/Fugazi, e assim por diante, só começaram a ser escavados recentemente. Como num efeito Doppler, o impacto dessa algazarra propulsora emitida por tais grupos está só agora, e em medida muito limitada, começando a ser assimilado e a receber sua esperada análise crítica.[3]

O Sonic Youth estava ligado nas transformações que ocorriam no indie rock dos anos 1980 com uma sensibilidade aguçada. Assistiam de perto quando o punk hardcore alcançava seu consumo máximo de energia no começo da década, e viram o impulso punk ser reorientado em novas direções por uma leva de bandas jovens, barulhentas, inteligentes, ávidas e curiosas, saídas das garagens dos subúrbios de todo o país. Como Thurston escreveu:

> Havia certamente uma nova estética da cultura jovem nessa época, exemplificada pelo surgimento de J Mascis/Dinosaur Jr., em que a raiva e a aversão, atributos associados à energia punk, foram tranquilamente substituídas por uma luminosidade estilo cabeça-nas-nuvens (Mascis, Cobain, My Bloody Valentine, sendo o último uma espécie de clone dessa postura sensual/atraente). Daí surgiu uma nova atitude, chamada *shoegazing*,[4] que só podia ter sido coisa dos ingleses. O pro-

---

[3] Por exemplo: enquanto eu me preparava para escrever este livro, contei com a ajuda de Michael Azerrad e seu livro *Our Band Could be Your Life* [Nossa banda poderia ser sua vida] (Little, Brown and Company, 2001), com seus relatos minuciosos dos bastidores da cultura indie rock americana dos anos 1980.

[4] O termo *shoegazing* refere-se ao movimento musical britânico do fim dos anos 1980, em que os músicos usavam extensivamente os pedais das guitarras, em busca de efeitos exagerados, de modo a passar

testo adolescente era uma maluquice que consistia na tentativa de o músico *outsider*, brotando das raízes do rock'n'roll convencional, detonar o universo frágil de *Hollyweird*.[5]

Bem, é, exatamente...

Acho que *Daydream Nation* veio em um momento importante, ainda que de transição, da mitose do rock americano underground. Forma e conteúdo estavam loucos para quebrar todos os parâmetros e correr para dentro da nova década. Era uma libertação da inebriante coletividade das dinâmicas de palco infundidas pelo hardcore, e uma aceitação do que queríamos fazer para além desse mundo, um mundo no qual já existíamos na forma artística, e um mundo do qual sabíamos que tínhamos de sair para seguir em frente.

Devo dizer aqui, ainda no começo, que todas essas observações preliminares vêm a título de confissão envergonhada. Da primeira vez que ouvi *Daydream Nation* fiquei francamente apavorado. Não tinha a menor ideia do que eu estava ouvindo: todas aquelas guitarras des/reafinadas retinindo e desviando para lá e para cá, baterias heroicas, trechos extensos de discórdia atmosférica, três vocalistas diferentes (representando dois gêneros diferentes!), barulhos densos, prelúdios, intervalos, trilogias, e, *pelo amor de Deus*, talvez o elemento mais inquietante e assombroso: aquela vela silenciosa gritando sem

---

quase os shows inteiros olhando para baixo, daí a expressão *shoegaze*, olhar para os sapatos. (N.T.)

[5] Gíria criada pelos metaleiros para designar Hollywood, a estranheza da cidade californiana e seus habitantes. (N.E.)

piedade na capa do disco. Mas havia algo à espreita na estranheza sombria e desconcertante daquela música, algo que fazia total sentido, que expressava realidades sônicas nascentes, desesperadas em busca de expressão. Mas como é que essa música, que parecia ter acesso a formas impossivelmente originais e espantosamente lindas de rock'n'roll, podia existir? Quem diabos é o Sonic Youth? Qual é a dessa vela fantasmagórica e quieta da capa? Como eles conseguiram fazer as guitarras uivarem assim?

A experiência toda foi mistificadora e irresistível, e me apavorou profundamente. Mas, como acontece com todos os discos que prestam, as inúmeras recompensas de *Daydream Nation* se revelaram a mim, apesar do trauma inicial que o disco me causou. Embora essas recompensas colocassem em risco meus antigos equilíbrios e hábitos musicais (daí minha firme convicção de que ouvir esse disco requer coragem, energia e apoio), elas se revelaram imensas e duradouras. Como aprender uma nova língua, dirigir na neve, ou descobrir finalmente uma perversão há muito adormecida, escutar *Daydream Nation* pode ser na mesma medida desesperador, desconcertante e incrivelmente entusiasmante.

Então, um jeito de dizer isso (e é provavelmente melhor estabelecer isso logo de cara) é: *Daydream Nation não é brinquedo*. Há nele algo de traiçoeiro e maluco, e a menos que você tenha os ouvidos necessários para entrar de cabeça, talvez seja melhor colocar este livro de lado e encontrar um lugar seguro e quentinho para se esconder e ficar babando pelos seus discos pop fofinhos porque, meu amigo, nós vamos entrar nesse animal espantoso, e vamos entrar *até o fundo…*

A ladainha padrão é a seguinte: o Sonic Youth é um daqueles grupos arquetipicamente "importantes", conhecido por sua inquestionável solidez e integridade, reconhecido universalmente como campeão peso-pesado no torneio de inovações com a guitarra, mas cuja produção musical é frequentemente mal recebida pelo eventual ouvinte inocente devido às dificuldades causadas pela falta de facilidade auditiva da música.

Pura baboseira.

Baboseira gerada por escritores de revistas de segunda categoria, jornalistas de música, guias discográficos, críticos musicais. Mais precisamente, o encanto imediato e eletrizante do som do Sonic Youth, até para os novatos, decorre da habilidade que a banda tem de penetrar e demarcar territórios musicais tipicamente proibitivos, que, por sua vez, servem como analogia direta e vital aos conjuntos de emoções humanas raramente representados na paleta sonora do rock. Na minha experiência, esses ouvintes "eventuais e inocentes" (como eu, quando ouvi a banda pela primeira vez) que supostamente têm dificuldades com as tendências exploratórias da banda ou com a sua intrepidez frente à dissonância, são os que ficam mais alegremente enlouquecidos, em um êxtase quase religioso, quando são expostos à sua música. Os discos do Sonic Youth podem, em parte, articular certas formas de aflição ou desassossego, mas essas articulações não são exatamente "difíceis", são *imperativas*. É como sangue novo, cheio de nutrientes, sendo transportado por veias inexploradas até vasos capilares estéticos afastados e com poucos suprimentos.

Quer dizer, para que merda serve o rock, afinal? Por que é que somos atraídos por certas bandas, para começo de conversa? O que faz com que um som específico possa fincar os dentes em nós com tamanha ferocidade, e ainda assim não querermos que ele nos solte? Por que é que queremos *morar* em certos discos? Pense no poder que uma banda como o Sonic Youth tem sobre seu público. Há uma característica que é inerente ao trecho prototípico do Sonic Youth, em que os diversos elementos tonais (ou atonais) se aglutinam num único murmúrio concentrado e ressonante, cristalino na sua integração de elementos díspares: um retinir envolto num sussurro, explosões de barulho martelantes embrulhadas em canções de ninar arrastadas, soluços contidos em um grito. Nesses momentos, vemos que a música é capaz de descobrir sensibilidades não reveladas, perpendiculares, e acessar economias internas que geralmente operam sem normas, sem vigilância. Esses trechos têm o poder de dar forma a sofrimentos informes, de dar voz a alegrias mudas, de expor arquiteturas emocionais ocultas. Quando você ouve Sonic Youth saindo dos seus alto-falantes ou fones de ouvido ou em um show, a beleza da conexão que ocorre se deve ao contato direto e límpido que a banda consegue estabelecer com a elevação emocional extática do próprio rock'n'roll. Enquanto o ímpeto e a exaltação que acontecem nesses momentos costumam ser festivos, espasmódicos ou lúdicos, a vasta disponibilidade estética do Sonic Youth garante também a presença frequente de uma *dor* translúcida dentro dessa mesma elevação.

E, pensando bem, será que o rock não teve sempre muito a ver com essa *dor* translúcida? A dor do peso grande de afetos não declarados, de vergonhas há muito sofridas que ficaram guardadas nas entranhas como um ancinho de ferro fundido, de palavras de incentivo e conselhos rápida e precariamente rejeitados, de úmidas noites da adolescência perdidas para sempre, de hábitos infelizes mantidos apesar das consequências, da angústia terrível das memórias, da volumosa melancolia das tardes chuvosas de domingo, e sempre, sempre, sempre *bem ali* na música, a implacável dor de fundo daquela curva frenética, solitária, inevitável, em direção ao fim absoluto da linha. O Sonic Youth capta e articula essas coisas, ora explícita, ora implicitamente. A música deles chega a você por ângulos imprevistos, atravessando abismos que pareciam intransponíveis, mas elas chegam lá de alguma forma, e convidam você a entrar. Você as encontra ali, naquele território habitado por poucas bandas de rock, e nunca mais quer sair. Lee desenvolve o assunto:

> Temos uma tendência a ver a música como algo *exultante*, ou alguma coisa assim; catártico. Quando está indo bem, seja com nós quatro num cômodo ou num lugar com 2 mil pessoas, na noite certa, em que tudo está alinhado corretamente, há uma *elevação*, uma espécie de qualidade transcendente na música com a qual todos estão envolvidos, e algo simbiótico acontece entre o público e os músicos. Não é como se a gente estivesse guiando o público, é mais uma coisa que fazemos juntos, de certa forma. Sempre tivemos a impressão de que o importante era a extrapolação, a abertura e a inclusão. Acho que essa é uma palavra que usamos muito ao longo dos anos para descrever a nossa música: inclusão; ela não é exclusiva nem tenta ser elitista sob nenhum aspecto. Algumas pessoas achavam isso da nossa música só porque ela é estranha e tem aquelas sintonias esquisitas e simplesmente não soa normal, então achavam que a gente era um bando de garotos elitistas ou alguma coisa assim quando, para nós, era exatamente o oposto. No que diz respeito às afinações, acho que a gente estava muito mais ligado à realidade primária, ao núcleo do rock'n'roll do que as pessoas que estavam só seguindo a progressão harmônica. A gente não

podia seguir progressões de acordes porque as guitarras estavam naquelas afinações malucas. Então, na verdade, a gente ia inventando tudo pelo ouvido. Não fazíamos parte de todo aquele esquema, "se você tocar em Mi e depois em Si e depois em Mi outra vez você tem a base do blues". Muito disso até aparece na nossa música, só não aparece com essa mentalidade mecânica, ordenada. Tudo é descoberta. De certa forma, isso é um elemento-chave da nossa música: estamos sempre descobrindo e não simplesmente regurgitando a mesma coisa. Para mim, pelo menos, a música nunca foi uma prática nostálgica.

Como resultado dessa resistência ao instinto nostálgico do rock, o Sonic Youth pode ter um efeito vertiginoso sobre nós. É difícil encontrar pontos de referência contextuais comuns na música deles. Felizmente, existem certas táticas de escuta que podemos adotar para maximizar nosso compromisso com os discos da banda; uma dessas táticas é particularmente apropriada para o *Daydream Nation*.

Como com a maioria dos outros órgãos, se não exercitamos devidamente nossos ouvidos, a inércia toma conta deles e os faz atrofiar. Nesse sentido, a metáfora fisiológica do ouvido como abrigo de um *músculo de escuta* parece propícia. Acho rejuvenescedor e às vezes fortalecedor fazer meus ouvidos passarem por uma extensa e ativa sessão de escuta — dedicando um tempo de atenção ininterrupta a um disco exclusivo, do começo ao fim. Para os casmurros sem imaginação, esse tipo de escuta atenta pode parecer meio obsoleto, tedioso, falso. Seja como for, posso garantir por anos de experiência que o processo traz prazeres de intensidade pornográfica. Ao mesmo tempo, esse tipo de escuta ajuda, de forma inquestionável, a rejuvenescer os ossículos auditivos,[6] tornando os ouvidos ágeis e alertas. Há muitos discos com os quais não se deve aplicar esse tipo de escuta atenta. Por sorte, no entanto, há discos extraordinários que são muito eficazes para nos ajudar a alcançar esse objetivo. *Daydream Nation* é um candidato ideal para esse tipo de exercício. Como ele, muitos desses discos têm um impacto que vai além da manutenção adequada dos nossos ouvidos.

Alguns discos nos levam *para o fim da linha*, metem um medo da porra na gente. No meu histórico musical, eu mesmo experimentei essa ida ao fim da linha algumas poucas vezes. Ocasionalmente, e falo muito sério quando digo isso, já vi certos discos levarem pessoas a ter acessos de pânico, mudez, ou tremor. Em certos casos excepcionais, presenciei uma combinação macabra dos três! É uma experiência perturbadora que confirma definitivamente o fato de que alguns discos, de qualidade particular e sob condições específicas, podem ser *assustadores pra caralho.*[7]

---

[6] Componentes vitais do ouvido médio, os ossículos são compostos de três pequenos ossos chamados de martelo, bigorna e estribo; juntos, eles formam a chamada cadeia ossicular. A função dessa cadeia é levar o som do tímpano até o ouvido interno. Menciono isso porque é como se houvesse uma minioperação de um ferreiro de áudio acontecendo lá dentro. Ainda mais com martelos, bigornas, estribos, ossos e cadeias, o sistema todo me lembra um estrago de guitarra bem no estilo Sonic Youth.

[7] Ah, é claro, há todo um campo de música pesada que se preocupa abertamente em ser "assustador". Há, sem dúvida, muitas gravações desse tipo que são realmente assustadoras. Mas o tipo de "susto" óbvio, estreito e de curta duração desses discos (todos eles têm a palavra "cadáver", ou "mausoléu", ou "diálise" no título. Zzzzzzzzzzzzz!) não tem nada a ver com a noção de *medo profundo e confuso* que estou tentando transmitir aqui. Para entender melhor essa noção, aí vai um exercício que pode ser útil: compare a lista de discos na página ao lado — cada

A anedota que segue ilustra o caso em questão: lembro de estar dirigindo certa vez com uma amiga careta do colégio no meu carro, ouvindo Grateful Dead (juro) aos berros, uma cópia pirata dos anos 1970. Só pode ter sido a mistura da qualidade ruim do som que a fita produzia (cheio de chiados, confuso, bem *pirata* mesmo) com a minha dancinha neo-hippie dentro do carro e os meandros intergalácticos psicodélicos tardios do Dead que fizeram com que minha amiga careta reagisse daquele jeito. A princípio, ela só se contorceu nervosamente em seu assento. Então, seus olhos confusos foram do toca-fitas para mim e de mim para o toca-fitas. Depois disso veio uma espécie de balbuciar, ela gaguejou com hesitação. Ficou cada vez mais agitada e desconfortável, até que, finalmente, com os braços batendo em volta dela como um peixe querendo água, ela gritou (e foi um grito de gelar o *sangue*) com uma voz trêmula (cito literalmente): "EU NÃO ENTENDO ESSA MÚSICA!" Eu achei mesmo, e ainda acho, ter visto lágrimas se formando em seus olhos. A coitadinha tinha chegado ao seu limite. Aquilo

---

um dos quais já me assustou ou confundiu profunda e genuinamente — com uma lista semelhante de sua autoria. Se a sua lista tiver mais de cinco títulos, olhe para ela outra vez e pergunte-se sobre cada um deles: "Esse disco me levou realmente *ao fim da linha*?" Elimine aqueles que não o fizeram. Na minha experiência, os discos realmente capazes de fazer isso são excessivamente raros e se contam nos dedos de uma das mãos, *talvez das duas*. Se você está com dúvidas em relação aos critérios que devem ser usados para determinar se um disco realmente levou você *ao fim da linha*, pule isso, termine o capítulo e volte para esse exercício depois. Aí vai a minha lista:
- *Soul Discharge*, dos Boredoms (Shimmy Disc)
- *Rembrandt Pussyhorse*, dos Butthole Surfers (Latino Bugger Veil)
- *Ascension*, de John Coltrane (Impulse!)
- *Hotel Paral.lel*, de Fennesz (Mego)
- *Fear of a Black Planet*, do Public Enemy (Def Jam)

era demais para a mente dela. Lembro claramente que seu *corpo inteiro* deu uma guinada para cima e depois de volta para o assento enquanto ela gritava. Ela estava tentando escapar fisicamente daquela música! Foi como assistir a uma pessoa sendo caçada por vespas cheias de ácido. Imagine a reação dela se tivesse sido "Silver Rocket", "Rain King" ou — meu Deus — "Eliminator Jr." picando suas orelhas rosas e virgens…

Tipicamente, discos assustadores entram de forma abrupta em nossas vidas bem quando as coisas estão avançando sem incidentes no quesito musical. Sabemos do que gostamos, do que não gostamos, e sabemos explicar a diferença. Perfeito. De repente, das sombras, um disco monstro jorra em nossas orelhinhas desprevenidas (macias e vulneráveis, envoltas em complacência, *gugu dadá*) e — PAM — *vira uma confusão auditiva total*. Tais discos servem com frequência como pontos de demarcação por meio dos quais mapeamos a paisagem da nossa vida musical. ("Meu cérebro se embaralhou todo quando ouvi _____, dos _____!") Esses discos ecoam, voltam, assombram. Mas a experiência inicial pode ser desconcertante…

O que segue é uma descrição bastante comum das circunstâncias típicas nas quais somos expostos pela primeira vez ao Sonic Youth: você fica acordado até tarde numa noite de verão com um primo mais velho meio criminoso (o primo dos cigarros/maconha/bebida). Seus pais, ambos cheios de álcool, já foram dormir. Eles colocaram você no quarto acima da garagem onde dorme seu primo. Lá é frio e úmido. As coisas têm sido prazerosamente miseráveis até agora; seu primo fuma cigarros mentolados enquanto vocês dois escutam um disco após outro em uma série agradável de títulos conhecidos. Daí seu primo pergunta se você já ouviu o disco _____, do ___

_____. Você admite que não, e seu primo olha para você com um ar sinistro e malicioso (os olhos são vermelhos e amarelos, mostarda e fogo, os olhos de alguém que está destinado a passar o tempo vagando por cassinos e clínicas de reabilitação). Seu primo faz que sim com a cabeça, em silêncio, coloca a mão bem fundo na pilha de discos, puxa uma cópia de um disco de cara suspeita (e cuja capa faz você pensar em todas as decepções, ânsias e arrependimentos que ainda vai sofrer na vida) e o coloca na vitrola. O que sai dos alto-falantes é tão estrangeiro para a sua sensibilidade que sua cabeça, fora do seu alcance de compreensão, dá guinadas, solavancos, e, finalmente, tem uma convulsão. Vertigem e desrealização se instalam à medida que seu vocabulário musical se esforça em vão para acomodar o que os seus ouvidos indefesos não entendem. Um estrago assustador ocorre com todas as suas presunções e gostos. Seus pobres ouvidinhos ficam traumatizados. Você questiona quem você é e tudo o que sabe. Seu primo é o diabo e sua música é satânica. Qualquer que fosse o disco; ele simplesmente *implodiu sua mente*. As coisas *nunca* mais serão as mesmas…

Depois de um período de recuperação, os ouvintes aventureiros (ou aqueles que tenham uma ligação com a música tão imperativa e intensa que mal terão escolha no assunto) passarão a aceitar de bom grado essas experiências desconcertantes, apreciando a agitação e acolhendo com prazer a expansão do conceito daquilo que é possível na música. Você vai pesquisar informações sobre aquele disco assustador, apaziguando seu medo e ao mesmo tempo expandindo seu interesse com dados históricos e críticas de revistas e livros. Vai ligar para o seu primo: "Ei, primo perigoso! O que mais você pode me dizer sobre aquela banda assustadora? Faz um mix satânico pra mim?" Logo você juntará coragem para comprar a sua própria cópia do disco criminoso. Progressivamente, depois de escutas repetidas, ele se tornará parte permanente do seu acervo de música pessoal e você anunciará com firmeza que está *curtindo* uma nova banda. Seções inteiras da sua coleção de discos parecerão repentinamente obsoletas como resultado de tudo isso. Você vai pendurar novos pôsteres e assinar novas revistas, cujas edições antigas você levará para o seu primo no centro de detenção juvenil, junto com um pacote de cigarros Newports.

Como qualquer experiência estética que valha a pena acompanhar até o fim, ouvir *Daydream Nation* é uma atividade perigosa, capaz de explodir a sua alma. Para um disco com uma capa tão austera e serena, *Daydream Nation* contém turbulências extraordinariamente estimulantes, um imaginário sinistro e uma energia de deixar seus cabelos em pé. Ele desafia, domina, cansa. Não vamos esquecer, é claro (*por queeeee*, *cacete*, esse ponto é tão pouco mencionado nas discussões sobre os méritos e conquistas da banda?), que o Sonic Youth é capaz de atingir momentos de beleza deslumbrante, de tirar o fôlego, e de uma graça arrebatadora, em sua música. *Daydream Nation* está repleto de exemplos perfeitos desse tipo de material. Além do descanso auditivo transcendente que esses momentos — digamos, *os cintilantes* — proporcionam, o Sonic Youth ajuda o ouvinte, à sua maneira sempre solidária, tendo o cuidado de estruturar o disco em quatro lados manobráveis e autônomos, ainda que inter-relacionados. Apesar de toda a minha tagarelice sobre o caráter intimidante de *Daydream Nation*, esse, na verdade, é um aspecto do disco que a própria banda reconhece. Lee Ranaldo, ao mesmo tempo confirmando os potenciais desafios colocados pelo alcance do disco e evidenciando a decência básica do grupo, explica que a organização das faixas em *Daydream Nation* foi cuidadosamente projetada para dar aos nossos ouvidos alguns períodos de repouso:

> A gente moldou mesmo esses lados com muito cuidado; um único lado de um disco de vinil é a experiência perfeita em termos de tempo — de 20 a 25 minutos —, a duração perfeita para sentar e ouvir alguma coisa sem muita exigência.

Se, ao ouvir o disco, você seguir o itinerário previsto pelo Sonic Youth, fizer pausas quando eles mandam e mantiver este livro por perto, vai ficar tudo bem. Eu prometo.

2. "Comprimindo", disseram as paredes para o quarto

Cair morto em Nova York. Índices cumulativos de suor. Umbral, limiar, soleira, túmulo. "E agradecemos por esse tubo amplificador completamente fodido." As delinquências da eletricidade. Comunicados da guerra dos ruídos.

> Cada edifício fica ali parado, como um tolo estupefato de boca bem aberta, e envia o brilho intenso de trombetas de bronze com o resmungar lamentoso de orquestrações. Lá dentro há uma nuvem de fumaça e as figuras sombrias das pessoas… Mas não se ouve nenhuma voz humana. O assobio monótono das luzes enche o ar, o som da música, as notas baratas das orquestrações… Todos esses sons se misturam num murmúrio incômodo, como de um acorde espesso e tenso. E se a voz humana invade essa ressonância incessante, parece um sussurro assustado.
> — MÁXIMO GORKI, sobre a cidade de Nova York, "Boredom" [Tédio], *The Independent*, 1907

Verão de 1988, cidade de Nova York.

Entram detalhes da paisagem sonora descrita no primeiro item da lista esboçada na introdução. Acrescente a isso o barulho gerado pela ignição simultânea de 100 mil cachimbos de crack, o assobio frenético de bandos com latinhas de spray tentando enlouquecidamente ficar à frente da repressão obsessivo--compulsiva do prefeito Koch contra a pichação e o estalo de cassetetes de guardas-noturnos atingindo ossos malares durante as manifestações do Parque Tompkins Square. ...E deste modo, coberta por uma camada de umidade pegajosa, a cidade fervia...

O calor nessa época do ano em Nova York é notoriamente cruel, sujo, doentio. Grossas camadas de umidade, mudas e inertes, viram reféns da geometria metálica e rígida da cidade. O simples fato de algo poder existir em tais condições — e ainda se mover, e respirar — desafia a razão. Mas o fato de o *zilhão* de coisas que acontecem constantemente, a cada minuto de cada dia, em um lugar como Nova York continuarem a acontecer em meio aos extremos da temperatura nos meses de verão ofende qualquer decência e lógica. É claro que, tragicamente, certas coisas *deixam* de acontecer. Pessoas, animais de estimação e insetos desabam rotineiramente, enlouquecem ou simplesmente *morrem* nessas circunstâncias: problemas de saúde causados pela desidratação, surtos psicóticos, assaltos, homicídios e índices de morbidade tendem a aumentar exponencialmente em Nova York durante o verão.

Além da umidade e do calor sufocante da cidade, pense no fato de que ela é uma das metrópoles mais condensadas do mundo em termos sociais e arquitetônicos, e você começará a ter uma ideia da dureza do contexto no qual se deu a criação de *Daydream Nation*. Como Nova York, o disco é composto de um sistema de vórtices em camadas que se alastra, sendo cada um dos quais um turbilhão de tumultos auditivos, emocionais, políticos e eróticos. Como experiência de escuta, *Daydream Nation* é tão complicado, fértil e ensurdecedor quanto a cidade em que nasceu. Realmente não é para os covardes de ouvido.

A presença e influência de Nova York é central no disco, assim como para a banda de maneira geral. Durante os anos de formação do grupo e todo o período *Daydream Nation*, podemos, de certa forma, considerar que a cidade de Nova York funcionou como um membro auxiliar do próprio Sonic Youth, uma espécie de quinto Beatle *avant*-metropolitano.

Dito isso, ao mesmo tempo em que *Daydream Nation* opera num determinado nível como expressão culminante do nova-iorquismo fundamental da banda, o disco também representa um embarque claro do Sonic Youth em um período internacional. Lee Ranaldo diz o seguinte sobre o papel essencial do disco na identificação da banda com Nova York:

> Acho que todos os discos até e incluindo *Daydream Nation* foram fortemente influenciados por Nova York, por sermos uma banda nova-iorquina. Mas a turnê que fizemos para promover esse disco foi a nossa primeira turnê verdadeiramente mundial. Tocamos pela primeira vez na Rússia, no Japão e na Austrália, então nosso mundo estava realmente se abrindo. Acho que deixamos de ser uma banda tão nova-iorquina depois disso. A cidade estava nas nossas raízes e no alicerce inicial sobre o qual o Sonic Youth foi construído, mas acho que poderíamos ter criado todos os discos que vieram depois de *Daydream* onde quer que estivéssemos, mesmo que tivéssemos sido transplantados para outro lugar. Não poderíamos ter feito isso com nenhum disco antes de *Daydream Nation*.

Essa expansão do meio artístico da banda, que passou de Nova York para uma presença mais global, se deve também à sua integração na cena indie rock americana dos anos 1980, próspera porém quase ignorada. Steve Shelley explica:

> Não há dúvida de que os acontecimentos causados pelo fato de morarmos [em Nova York] deram forma a esse disco, assim como a todos os outros que fizemos. Mas enquanto músicos, naquela época tivemos a sorte de começar a poder sair da cidade. *Daydream* faz parte dessa coisa nova-iorquina, mas a gente também estava se inspirando e aprendendo com bandas de todo o país, nesse mundo indie secreto e muito legal sobre o qual a mídia ainda não sabe praticamente nada. O que aconteceu de verdade nos anos 1980? Ninguém captou nada daquilo. O que acontecia na MTV e o que acontecia nas boates era completamente diferente. Todo mundo [estava] se inspirando em Velvet Underground, Captain Beefheart, em Iggy, nos Stooges e no Television... Essa parte está esquecida até agora.

Uma das chaves para se compreender a força, o alcance e a natureza de *Daydream Nation* é ver a tensão que existe no dualismo fundamental do disco: trata-se de um disco *local* que habita e exala um tipo de som especificamente cultivado no rock underground e nos becos artísticos da baixa Manhattan dos anos 1980. Simultaneamente, ele usa um conjunto de energias mais vastas que circulavam ao redor do indie underground americano, fora do radar cultural mainstream. Essas tensões mútuas alimentam uma à outra em *Daydream Nation*, resultando na universalidade temática, estrutural e estética do disco. O que acabamos ouvindo em *Daydream* é um som que ao mesmo tempo prefigura e manifesta a transformação do Sonic Youth em banda de viabilidade mundial (e, posteriormente, disputada pelas maiores gravadoras). Essa união intensa do especificamente local e do universal é um dos principais fatores que contribuem para a centralidade axial do disco na obra do Sonic Youth. Um jeito de dizer a coisa é: há o Sonic Youth pré-*Daydream*, o pós-*Daydream* e o *Daydream-Daydream*. O último encarna uma unificação perfeita dos elementos pré e pós.

Mas há um pedaço de estrada solitário, pouco viajado, fora do rock que leva até *Daydream Nation*, e para chegarmos *lá*, precisamos voltar um pouco no caminho…

O Sonic Youth se amalgamou em meio à imundície e intriga do império bizantino contaminado que eram a música e o cenário artístico "underground", localizados na baixa Manhattan no fim dos anos 1970 e começo dos anos 1980 (esse termo "underground" sempre soa meio errado, não é? Acho que as aspas ajudam a atenuar seus ares retóricos). Esses dois mundos travavam um diálogo tão febril que às vezes era impossível distinguir um do outro: galerias de arte tinham amplificadores e monitores, clubes de rock tinham telas e projetores. A interpenetração dos dois era ameboide, não se encontravam as costuras. Mas, veja bem, isso não quer dizer que se tratava de um desenvolvimento revolucionário. Esse tipo de comunicação entre o mundo das artes visuais e o cenário musical inovador em Nova York vem da fusão das técnicas fotográficas modernas com a explosão do jazz nos anos 1950, e ao longo dos anos 1960, é claro, quando a ética da Factory de Warhol encorajou o cruzamento de formas experimentais de rock com novas formas de mídia visual. O Sonic Youth estava particularmente afinado com a maneira como a arte que nascia em Nova York durante o fim da década de 1970 e ao longo dos anos 1980 participava dos avanços que estavam sendo feitos na música. Foi inicialmente o cenário artístico extravagante de Nova York nesse período que atraiu Kim Gordon como um ímã do outro lado do país, para longe de sua Califórnia nativa. Kim chegou à cidade com a comichão da escola de arte e a intenção de absorver e contribuir para o caos do mundo artístico visual e conceitual. Algo mudou, porém, e ela rapidamente descobriu que suas inclinações criativas estavam desviando na direção da música. Lee, que tinha estudado técnica e teoria das belas-artes, mas que também mantivera um entusiasmo ávido pela música, passou por uma transformação semelhante.

Na minha opinião, há uma relação direta entre a sensibilidade do Sonic Youth à linguagem da arte visual moderna e a singularidade imediatamente reconhecível do som que a banda produz. Com um passado artístico, mas sempre com a intenção de fazer música, a abordagem do rock para a banda estava necessariamente mais ligada à textura pictórica e às dinâmicas esculturais que a progressões de acordes e ganchos melódicos. Essa perceptividade em relação à maneira como cor e textura podem fazer parte do som parecia distinguir o Sonic Youth dos seus colegas equivalentes no mundo do rock. À medida que o indie rock progredia nos anos 1980 e o Sonic Youth se via agradavelmente abrigado numa comunidade de roqueiros novatos ligeiramente mais jovens, a distinção entre seus históricos respectivos passou a ter um contraste mais agudo.

> Vale lembrar que àquela altura a gente passava nosso tempo com um bando de grupos de rock saídos da garagem de alguém — como os Laughing Hyenas e o Dinosaur —, sabe, crianças que tinham entre 18 e 20 anos e formavam bandas sem ter a menor ideia do que fazer. Com exceção de Steve, a gente tinha vinte e poucos anos e àquela altura tínhamos saído da escola de artes com muito conhecimento em técnica artística e teoria conceitual da arte moderna. A mudança para Nova York

foi uma imersão ainda mais profunda em todo esse universo: na época, o cenário artístico da cidade estava lidando com todo aquele negócio de apropriação.[8] Então a nossa abordagem do rock'n'roll já era meio distorcida, distanciada; quero dizer, é claro que o rock estava no nosso sangue, mas a gente também estava filtrando ele com todos esses métodos artísticos que

---

[8] A arte de apropriação queria reincorporar informações visuais ou objetos preexistentes a novas formas, fossem eles derivados do mundo da publicidade corporativa (Richard Prince refotografando os anúncios de Marlboro), da iconografia histórica da arte (o *L.H.O.O.Q.* de Duchamp, de 1919, que exibe uma *Mona Lisa* de bigode), ou da fabricação industrial (as incríveis e imortais latas de sopa de Warhol). Sua intenção primeira era a de explorar questões referentes à relação entre arte, propriedade e consumo. Sendo discutivelmente tão antiga quanto a própria arte, a apropriação só se tornou um *modus operandi* propriamente dito relativamente tarde. Durante os anos de formação do Sonic Youth, o trabalho de apropriação mais visível e impactante era feito por pessoas como Sherrie Levine (que certa vez, no que pode ser considerado como o ato mais descarado de apropriação artística de todos os tempos, refotografou uma série de fotografias de Walker Evans e simplesmente as apresentou, sem nenhuma alteração visual, em uma exposição intitulada "After Walker Evans") e Jenny Holzer (que enalteceu aforismos e miniapelos, como "Protect me from What I Want" [Proteja-me do que eu quero] e "Private Property Creates Crime" [A propriedade privada cria o crime], nas fachadas dos prédios, em outdoors, camisinhas, e, em dado momento, numa tela de LED gigantesca na Times Square). Como Lee insinua acima, trabalhos de apropriação estavam causando minirrevoltas de entusiasmo no meio dos estetas de Nova York devido à sua reavaliação subversiva da linguagem visual de uma cultura viciada na comodidade. Na América voraz dos anos 1980, sobretudo em Nova York, esse tipo de crítica era particularmente pertinente e descarado. No que diz respeito à produção do Sonic Youth, um exemplo evidente de apropriação é o disco do projeto Ciccone Youth, *The Whitey Album*, metade dadá/colapso brincalhão/*beatbox* e metade representação direta, ainda que ligeiramente exagerada, do pop mainstream, tudo embrulhado na forma de uma homenagem a Madonna.

tinham nos ensinado. Isso ficou mais evidente quando fomos fazer turnês com outras bandas. Muitas delas saíam de um lugar bem diferente, tinham literalmente acabado de sair da escola, de se formar com seus discos do Kiss ou alguma coisa do tipo, com quaisquer que fossem os elementos de rock que tinham conseguido captar, o hardcore e tudo o mais. A gente vinha de um lugar muito diferente.

Introduzindo aquilo que se tornará uma preocupação recorrente nas severas realidades arquitetônicas da vida em Nova York, Lee evoca a fixação comum com as *salas* e suas qualidades tonais nas facções da cidade:

> Para nós, o interesse sempre foi a textura do som e a escrita das músicas. Foi meio que uma combinação dos dois. Muito disso tem a ver com essa ideia de *tonalidade da sala*: você faz uma sala tremer até um certo grau, num certo volume, e então algo excepcional começa a acontecer. Isso é algo que as pessoas estavam experimentando naquela década, em Nova York — pessoas como Glenn, Rhys, LaMonte Young e Tony Conrad. Você coloca a música alta o bastante em determinado espaço e outras coisas começam a acontecer, coisas psiquicoacústicas onde se ouvem sons que ninguém está tocando de verdade mas [há] harmonias e tons se chocando uns com os outros no ar.

Essa atenção prestada à natureza das salas e à maneira como o som funciona dentro delas parece um subproduto de uma claustrofobia generalizada, porém penetrante, que acontece como parte do cotidiano na paisagem urbana de Nova York. Um jeito de falar da natureza da cidade é ver seu funcionamento como uma vasta rede de interiores interconectados por um sistema como que ventricular de umbrais, limiares e soleiras.

Essas formas de transição, por sua vez, contêm seus *habitats*, seu vocabulário estrutural e suas diretivas. As ruas e calçadas de Nova York operam mais como interiores que como espaços abertos, de tão cercadas e fechadas que são, até onde a vista alcança, pelas incessantes barragens das fachadas de prédios. Até o Central Park, aquele retângulo perfeitamente contido de espaço público, dá a impressão de um grande cômodo com um excesso de vegetação e estátuas, pois seu perímetro é cercado por uma série de bastiões arquitetônicos gigantescos. Mesmo quando estamos ao ar livre, em Nova York, temos a sensação de que cada horizonte é apenas uma divisória. Podemos ouvir essa sensação constante de clausura pesando sobre o Sonic Youth, e ela é traduzida em sua música de um jeito bastante primitivo. Há referências de letras e trechos musicais em *Daydream Nation* que soam como o equivalente auditivo de uma convulsão claustrofóbica absoluta, caracterizada por uma ansiedade paralisante e um pânico de acelerar o batimento cardíaco. Lee recorda esses dias:

> Lembro de uma série de salas de ensaio. Naquele período, a maioria ficava dentro de porões; não tinha luz entrando pelas janelas, eram pequenas câmaras apertadas e comprimidas onde a gente tinha os amplificadores e a bateria, e o barulho era alto pra caramba. A gente trabalhava nas músicas de rock naqueles porões e não sabia se era dia ou noite lá fora (mas geralmente a gente ensaiava de noite), então tinha uma certa claustrofobia ajudando e instigando aquilo. A gente ficava dentro desses porões fedorentos com carpete velho nas paredes e aquilo dava a impressão de estarmos numa tumba. Era o lugar onde a gente trabalhava, então por um lado era legal, mas por outro, como todos sabíamos, era uma situação artificial. Alguns dos espaços de ensaio que tivemos eram os lugares mais horríveis e pavorosos

de se estar. E isso só podia acontecer em Nova York. Quero dizer, é o tipo de porcaria que a gente aguenta para poder morar em Nova York, naqueles apartamentos de merda. E, naquela época, se você morava no East Village [havia um] perigo muito real de estar rolando coisas nas ruas, traficantes e bandidos. De certa forma, acho que isso fortaleceu a gente, a compressão da cidade, a civilização esmagando você por todos os lados, empurrando você pra dentro daqueles espacinhos minúsculos e comprimidos, e acho que a música era o nosso jeito de *sair deles novamente*.

Uma das imagens incluídas na versão em CD de *Daydream Nation* é uma foto em preto e branco tirada por Michael Lavine que funciona como uma espécie de representação visual do tipo de claustrofobia nova-iorquina que o Sonic Youth devia estar sentindo naquela época. A foto mostra os quatro integrantes da banda de pé lado a lado em uma calçada em alguma parte do distrito de Wall Street. Ela foi tirada do chão, com uma câmera panorâmica virada na vertical. Um tipo de efeito que retorce a imagem foi usado para manipular o contorno das figuras e borrar suas silhuetas. Como resultado, os membros do grupo aparecem esticados e distorcidos, enquanto os prédios pairam acima deles. É como se Lavine estivesse tentando captar a vontade da banda de se erguer acima do topo desses prédios, desesperada em busca de ar livre e perspectiva desobstruída. Mas, *infelizmente*, o topo dos prédios permanece eternamente fora de alcance, sempre apenas um pouquinho mais alto, tornando-os prisioneiros eternos de suas fachadas.

Nova York oferece, como parte de seu charme sombrio, diversas formas de claustrofobia que podem ser tão pressurizadoras quanto aquelas causadas pelas condições de vida fisicamente constritas da cidade. Thurston recorda os dias de pouco dinheiro e muita humanidade do período *Daydream*:

Uma música, a segunda de "Trilogy", é basicamente um mapa entre o apartamento que eu tinha com Kim e o estúdio em Greene Street: uma reflexão sobre minha presença na rua, em meio a outras culturas, dentre as quais algumas estavam certamente pouco à vontade com a vida diurna, portanto, eram perigosas. Dinheiro era sempre um bônus [naquela época], o que, naquela idade, pode certamente criar uma sensação de agouro e claustrofobia. A gente estava sempre consciente das paredes e de como elas refletiam os sons que a gente criava.

Os integrantes da banda adentraram o estúdio da Greene Street, naquele amontoado de ferro fundido, guetos e lofts do SoHo em Manhattan, suados (imagine o volume líquido do suor coletivo do Sonic Youth quando estavam no modo "a todo o vapor" no meio do verão) e armados até os dentes de estruturas musicais, ideias de letras e energia criativa no seu estado bruto. Ali, começariam a gravar *Daydream Nation*, no calor opressivo do fim de julho de 1988: um ano verdadeiramente problemático, mesmo para os padrões americanos modernos. Tendo conduzido o país a uma nova era de conservadorismo político e econômico, Ronald Reagan — aquele vaqueiro dócil e letal — estava saindo da presidência, para ser sucedido pelo implacável e patriarcal George H.W. Bush. Enquanto isso, as calamidades duplas do vício em crack e da Aids haviam atingido proporções épicas na maioria das grandes áreas do metrô. Como consequência disso, pessoas *morriam/oram mortas* a uma velocidade absurda com pouquíssima (ou nenhuma?) atenção nacional verdadeira. Em um desfecho sinistro e irônico — que no fim das contas não surpreende —, dentre os discos mais vendidos daquele ano, segundo a *Bill-*

board, estavam a estreia de *Tiffany*, de mesmo nome, a trilha sonora de *Dirty Dancing* e o disco *Faith*, de George Michael. Todos servem de exemplos típicos da música pop feita para consumo de massa dos anos 1980, com toda sua futilidade paralisante.

Mas, graças à Greene Street, tudo não estava culturalmente perdido. Os estúdios da Greene Street foram responsáveis pela criação de alguns dos estilos musicais mais vitais do cenário nova-iorquino contemporâneo. Considerada por alguns como referência histórico-cultural, a Greene Street (hoje em dia fechada e transformada em galeria) facilitou a criação de discos que foram essenciais ao início do hip-hop em Nova York (Kurtis Blow, Run-DMC, Public Enemy e os Beastie Boys passaram algum tempo ali, na produção). O vanguardismo também estava no ar por ali. Os estúdios, em sua precedente encarnação, serviram como quartel-general de Philip Glass, e sujeitos como Nico e Kurt Munkacsi também estavam presentes, mesmo que só como aparições, em 1988.

Enquanto o experimentalismo dos trabalhos mais vanguardistas feitos na Greene Street encontrou um paralelo evidente na música do Sonic Youth, a extensa presença do hip-hop também participou da criação de *Daydream Nation*, ainda que de maneira indireta. Naquela época em Nova York, os terremotos culturais causados pelos desenvolvimentos no cenário do hip-hop em plena expansão eram tão inescapáveis quanto eletrizantes. Quando chegou à Greene Street para dar uma olhada inicial no estúdio, o Sonic Youth foi apresentado a Nicholas Sansano, que iria lidar com as tarefas de gravação e de engenharia de som durante as sessões. Os créditos precedentes de Sansano na Greene Street incluíam o trabalho de produção do disco seminal e bomba termonuclear que foi o *It Takes a Nation of Millions to Hold Us Back*.⁹ Sansano explica:

> Me lembro da primeira vez que o Sonic Youth veio ao estúdio para dar uma olhada inicial e me conhecer. Fiz eles escutarem Public Enemy, o que é estranho, de certa forma — eles eram uma banda de *noise-rock* —, mas eu acreditava que Public Enemy tinha sido meu trabalho mais importante até então, e que ele era representativo do estúdio e de mim mesmo. Sempre tive a impressão de que [com Sonic Youth e Public Enemy] a abordagem era basicamente a mesma: um som agressivo, de múltiplas camadas, uma *densidade*.

Esses discos têm em comum algo além dessa espessura de massa sonora. Não é à toa que cada um deles faz referência a alguma espécie de "nação" em seu título. Parte da grandiosidade desses discos é inerente à escala de suas ambições. Frente às repugnantes realidades sociais e políticas do fim dos anos 1980 (leia-se: Reagan/Bush), esses grupos estavam prontos, cada um à sua maneira, e com a ajuda de um engenheiro

---

⁹ *It Takes a Nation of Millions* foi lançado em abril de 1988, apenas três meses antes da chegada do Sonic Youth à Greene Street para trabalhar no *Daydream Nation*. Sobre essa incrível oportunidade dupla de gravação, Sansano explica: "Foi uma época bem maneira. Eu tive muita sorte. Com Public Enemy, foi tipo: 'Acho que estou envolvido em algo muito legal mesmo.' E então, logo depois, veio o Sonic Youth; e eu pensei: 'Cacete! De novo! Isso também é legal pra caramba!'" E a coisa não parou por aí: depois disso, Sansano participou, com seus talentos de engenheiro de som e mixagem, do disco assustadoramente forte do Public Enemy (ver nota 7) chamado *Fear of a Black Planet*, em 1989-90.

de estúdio solidário e engajado, a enfrentar nações inteiras com os respectivos arsenais de som.

Dada a propensão do Sonic Youth para o experimentalismo desarticulado e o histórico de Sansano com os ataques auditivos inovadores do Public Enemy, o encontro foi, no fim das contas, fecundo. Quando perguntaram a Sansano se fora um desafio alcançar o que eles buscavam musicalmente, visto quão inflexível o Sonic Youth era em relação à quebra dos padrões sonoros, ele confirmou:

> Não dá pra mandar neles. Não dá mesmo. E naquela altura eu NÃO mandei de jeito nenhum. Logo que o projeto começou, meu trabalho era só gravar o som deles e fazer com que aquilo soasse o melhor possível. Mas à medida que nossa relação se desenvolveu, começamos a confiar mais uns nos outros e a coisa toda ficou mais criativa, com mais parceria.

Às vezes, como é de esperar durante uma sessão de gravação com o Sonic Youth, barreiras físicas estabelecidas eram ultrapassadas, falhas mecânicas eram induzidas, as coisas saíam do controle e, finalmente, *explodiam*.

> Experimentamos *muitas* coisas diferentes e não convencionais, como: "Vamos ver quanto sinal podemos colocar no gravador de fita antes de queimar um fusível!" Houve uma vez que queimamos um fusível e o estúdio todo parou de funcionar.[10] Acho que foi o Thurston quem fez isso. Havia uma espécie de barulho — acho que um tubo estava ruim —, enfim, um barulho estava

---

[10] Esse episódio na realidade aconteceu no estúdio de gravação Sorcerer Sound, na Mercer Street, em Manhattan. Tragicamente fechado, o Sorcerer tinha como parte da sua clientela impressionante pessoas como Bob Dylan, Miles Davis, Iggy Pop, Lou Reed e Television. O Sonic Youth trabalhou lá com Sansano em *Goo*, o disco que se seguiu a *Daydream*.

sendo produzido e de repente ele virou uma grande retroalimentação, até que o estúdio inteiro simplesmente apagou.

Tais anomalias destrutivas (lendárias) sempre foram vistas como oportunidades férteis de criação pelo Sonic Youth. Nas suas mãos desobedientes, o som de um amplificador quebrado pode conter um ritmo embrionário ou uma progressão tonal distorcida enviados como um maná sônico criptografado do paraíso dos ruídos. Em *Daydream Nation* há exemplos fascinantes dessa disponibilidade absoluta a toda e qualquer permutação sonora possível, independentemente de sua aspereza ou dos destroços nos quais ela se originou. É como Sansano explica:

> No fim de "Providence", tudo meio que se derrete. Pois bem, isso é o som do amplificador explodindo! Quando os tubos de um amplificador estouram, eles fazem uns sons muito interessantes. Sempre que algo estava *rolando*, a gente deixava a fita rodar. Lembro de fazer várias manipulações com a velocidade da fita, enquanto as coisas eram gravadas, ou quando a gente mixava tudo de volta. A gente variava a velocidade do aparelho de gravação multipista, acelerando ou desacelerando muito, alterando a estrutura harmônica geral e permitindo que houvesse ruídos. Às vezes a gente desacelerava o gravador de fita durante as performances, criando alguma espécie de ruído ou um tipo de som de *estouro*: eu ficava de olho nos mostradores enquanto a gente gravava, fazendo as coisas irem mais rapido ou mais devagar. Depois, quando você colocava a música pra tocar, dava pra ouvir umas modulações que criavam uns tons harmônicos muito anormais.

Tons harmônicos anormais, sons de estouro, tubos de amplificador explodidos. Ouvir Sansano falar sobre uma sessão de gravação com o Sonic Youth é como ouvir um soldado falar de sua experiência na linha de frente de uma guerra.

Depois de menos de duas semanas de gravação, o Sonic Youth saiu das sessões na Greene Street, em agosto de 1988, com as fitas matrizes do que hoje é comumente considerado — vamos dizer isso logo (cansei de evitar a questão) — uma das primeiras verdadeiras obras-primas dentre os discos de rock moderno.

Lado um

Faixa um: "Teen Age Riot"

E logo de início as coisas estão bem *ferradas*. Expectativas são reformuladas, certezas questionadas e parâmetros apagados com um calmo ataque de guitarra.

"Teen Age Riot"[11] é composta de duas seções distintas, porém interligadas. A primeira é uma espécie de canção de ninar, lenta e maliciosa (com a voz de Kim). A segunda é o galope arrebatado e estimulante de um saltimbanco (com Thurston assumindo as responsabilidades vocais). O contraste marcante de timbre e andamento entre essas duas seções serve de representação microscópica das flutuações perfeitamente calibradas no ritmo de *Daydream Nation*, que, por sua vez, dão ao disco essa sensação de coesão geral, do começo ao fim. A interação do contraponto vocal feminino-masculino que atravessa o disco também é apresentada aqui. Mas "Teen Age Riot" não é como nenhum dueto que você já ouviu.

---

[11] Essa é a única faixa de *Daydream Nation* a ter alcançado uma lista de melhores músicas ("Candle" e "Silver Rocket" por pouco não chegaram lá). "Teen Age Riot" ficou sete semanas na lista da *Billboard* de modern rock entre dezembro de 1988 e o fim de fevereiro de 1989, atingindo a vigésima colocação na semana de 4 de fevereiro. É claro que não se trata de uma vitória esmagadora no meio das listas de melhores músicas, mas não deixa de ser um indício da ampliação do público e do meio de ação do Sonic Youth nesse período.

A coisa começa de maneira um tanto inócua. Da escuridão inicial e silenciosa se levanta o dedilhar melódico de uma guitarra, caminhando ritmicamente para a superfície, onde ele se abre como um raio de sol vespertino. Esse trecho de abertura tem um aspecto subaquático, como se tivesse sido gravado no fundo de uma lagoa lodosa. Daí a quietude. As rajadas de vento características das tempestades marginais do Sonic Youth terão de esperar enquanto um sussurro lânguido se instala na ação. Esse tipo de território gotejante e lamentoso é um dos prazeres secretos de se escutar essa banda. Ainda assim, começar um disco da forma como eles começam *Daydream Nation* é ao mesmo tempo surpreendente e falsamente apaziguador. Há um quê de improviso nessa abertura miniaturizada, uma delicadeza que parece remeter à vaga iluminação da imagem tremulante da vela de Richter na capa do disco. Logo de cara, é como se o disco nos dissesse: "Não tenho o menor problema com os seus pressupostos sobre a natureza do rock'n'roll, não mesmo, e fico feliz que você esteja ouvindo, mas, só para você saber, a partir de agora e nos próximos setenta minutos, mais ou menos, vou fazer coisas que podem perturbar seu entendimento do rock e suas concepções sobre música, e pra falar a verdade, amigo, talvez você tenha que repensar todo o seu sistema estético."

O Sonic Youth nos faz entrar lentamente no disco com o que acaba se revelando o primeiro de uma série de segmentos introdutórios sutis. É a única seção desse tipo, no entanto, a ter um acompanhamento vocal. A voz de Kim, quando chega, vem soprando de todas as direções e soa como transcrições abreviadas de um sonho, excertos da lembrança de uma conversa telefônica tarde da noite se sobrepondo ao conjunto, fora de contexto, cheios de frases interrompidas. O som dos acordes é aqui delicado, tateante — um pouco vacilante até. São esses os acordes da segunda seção de "Teen Age Riot" tocados num andamento sonolento. Se há um quê de tontura nessa primeira seção, trata-se de uma tontura antecipatória: estamos acordando, não adormecendo. Nossa narradora parece ter acabado de despertar de um cochilo, está esfregando os olhos para espantar o sono, expressando pensamentos e impulsos incompletos a um companheiro silencioso.

Enquanto a figura de guitarra inicial está em andamento, algo estranho acontece lá no fundo. Uma camada bocejante de — como dizer isso? — *ondulações tonais processadas* (quero ver você tentar dar um nome para isso!) emerge de trás do som da guitarra, empurrando a melodia (coloque a cabeça bem perto e ouça com atenção, você escutará: "huuuurwaaaa, huuuurwaaaa, huuuurwaaaa"). É um processador de efeitos Ultra-Harmonizor H3000-D/SE, um aparelho digital de processamento de áudio usado extensivamente durante as sessões *Daydream*, que está gerando esse som.[12]

---

[12] Esse aparelho é capaz de deformar, ajustar e distorcer sons até transformá-los em formas quase irreconhecíveis. No fim dos anos 1980, o H3000 era um equipamento relativamente novo, capaz de fazer coisas inéditas e drásticas com o som. Segundo Nick Sansano, Lee Ranaldo não conseguiu manter seus dedos experimentadores longe do aparelho, que figura de maneira proeminente na fabricação de muitos dos elementos tonais de *Daydream Nation*: "Lembro que naquela época tínhamos acabado de comprar o H3000 — uma caixa multiefeitos. Até então, eles faziam harmonizadores de tipo analógico de muito boa qualidade, mas então fizeram uma versão digital. Dava pra fazer todo tipo de maluquice com o *pitch shifting* e o *phase shifting*; dava pra manipular de verdade os dois. Inevitavelmente [durante as sessões *Daydream Nation*], era Lee quem se encarregava do H3000."

Esse rastro tonal arfante se debruça sobre a guitarra e se amalgama em torno da bateria, que trava uma batida discreta... E então uma voz entra — quase um sussurro — pelo canal certo.

"You're it," diz ela... "You're *it*."

As linhas vocais se interrompem e sobrepõem (isso é o resultado de um "erro" no estúdio que acabou dando certo). Cada frase proferida esbarra na seguinte, cruzando a imagem estéreo. Essa técnica cria um efeito estonteante, recriando o som daquilo que poderia ser um monólogo interno de múltiplas vozes com intenções contraditórias:

You're it
No, you're it
Hey, you're really it
YOU'RE *IT*
No, I mean it, you're it
Say it
Don't spray it
Spirit desire (face me)
Spirit desire (don't displace me)
Spirit desire

We will fall

Miss me
Don't dismiss me

Enquanto a letra desse trecho tem uma aparência leviana, uma leitura atenta revela significados e sugestões mais intrigantes. Eu tenho certeza de que as linhas vocais que englobam a microvinheta de abertura de "Teen Age Riot" encontram Kim Gordon cantarolando casualmente uma espécie de sumário do disco inteiro em miniatura. Seja deliberadamente ou não, seu vocal introduz temas cruciais que aparecerão ao longo do disco: uma sugestão de brincadeira (talvez nostálgica) um tanto infantil ("you're it" e "say it, don't spray it"), um anseio por suporte espiritual ("spirit desire"), a dor de uma tensão sexual/romântica ("miss me, don't dismiss me", "face me, don't displace me") e um niilismo sociopolítico ("we will fall"[13]). Não há dúvidas de que esses versos são deliberadamente ambíguos, talvez significando tudo e nem tudo ao mesmo tempo, mas há uma maneira de se ver *Daydream Nation* como um todo contido bem nessa abertura germinal.

Os primeiros oitenta segundos de "Teen Age Riot" encapsulam com eficiência os objetivos abrangentes do disco. O Sonic Youth não perde tempo estabelecendo suas ambições com esse disco: em pouco menos de dois minutos já vimos a interação de sons de guitarra melódicos e livres com monstruosos sons processados e bocejantes, ouvimos uma bateria sutil unindo esses sons num ritmo coerente e fomos apresentados a uma série de imagens familiares (porém inesperadas) que prefiguram temas recorrentes ao longo do disco.

E isso é apenas o *prelúdio* da primeira faixa… cuja parte principal acaba se revelando um míssil a jato hiperativo e gritante de puro êxtase do rock, e simplesmente uma das primeiras faixas mais estimulantes que você vai ouvir num disco dessa ou de qualquer outra banda. Ponto.

---

[13] Alusão à música de mesmo nome dos Stooges. Essa é a primeira de muitas referências à história do rock que o Sonic Youth fará em *Daydream Nation*.

Dito isso, "Teen Age Riot" funciona como uma espécie de para-raios controverso entre os entusiastas do Sonic Youth e as alas mais fanáticas do avant-rock underground. A música é notoriamente conhecida como uma das mais parecidas com hinos do pop e uma das que mais flertam com canções-de-encher-estádio no repertório da banda. Jutta Koether, no encarte do CD de *Daydream Nation* relançado pela gravadora Geffen, diz abertamente que "Teen Age Riot" é "a música mais óbvia e instantaneamente sedutora de Daydream Nation". A espessa ironia dessa "sedução instantânea" é que, embora "Teen Age Riot" possua de fato um dinamismo de rock inegavelmente acessível, trata-se, em essência, de uma canção sobre o tédio como forma de rebelião frente às realidades sociais contemporâneas que sugam a alma. É uma música de rock extremamente carregada sobre ficar na cama até que uma REVOLTA tire você de debaixo das cobertas!

Sem recorrer à estrutura padrão de verso-refrão-verso, "Teen Age Riot" consegue nos manter absortos durante toda sua duração por meio de elementos melódicos recorrentes, como o tema distorcido da guitarra de "fanfarra" que dá início à música servindo como ponto de referência tonal dominante. A letra de Thurston também mantém um esquema de rimas bastante consistente que ajuda a criar a ilusão de uma música de rock comum. O fluxo narrativo dos versos está mais associado (prática padrão para o Sonic Youth) a cadência e imaginário do que a um relato direto e linear. Há, no entanto, sequências de letra concretas e apreensíveis que articulam um ponto de vista; mesmo que a linguagem usada para representar esse ponto de vista seja angular.

O prelúdio de abertura de Kim culmina com todos os elementos (exceto a voz, que se calou) condensando-se num sustentado tinido ressonante. Esse tom coletivo paira na mistura até que as primeiras explosões de guitarra (que recapitulam a cadência melódica do prelúdio, mas a uma velocidade acelerada) de "Teen Age Riot" se precipitam para o primeiro plano, trazendo, a chicotadas, um frenesi absoluto. O contraste da guitarra de abertura com a delicadeza do prelúdio perpetua mais ainda a impressão de desorientação: passamos de *canção de ninar confusa e improvisada* para *sobremarcha enfurecida* no intervalo de um minuto e meio. Mas as coisas mantêm uma unidade (mais uma vez, o Sonic Youth é um grupo *bondoso* na sua reconfiguração da linguagem do rock) pela inter-relação melódica e harmônica entre as duas seções. Essa linha tonal que atravessa os ruídos lamentosos do prelúdio e as seções de motor esbravejante de "Teen Age Riot" proporciona uma coerência que ajuda a manter o compromisso e o fundamento da coisa. Há uma lógica na arquitetura da música.

Escrita vagamente como música de fossa para J Mascis, da banda Dinosaur Jr., "Teen Age Riot" consegue captar e se regozijar com uma série de energias conflitantes representadas por uma figura como Mascis e uma banda como Dinosaur Jr. no fim da década de 1980. O som do Dinosaur era, por um lado, profundamente comprometido com volume, massa e uma agressão sônica barulhenta: uma reformulação do sistema criativo que é o núcleo do punk, combinada com uma masculinidade lânguida extraída dos quartéis mais duradouramente acolchoados do rock. Por outro lado, filosoficamente, a música do Dinosaur é uma expressão culminante de um tipo de exaustão que penetrava certas câmaras do rock underground no fim dos anos 1980. Podemos ouvir um respeito desdenhoso pelo *próprio respeito* quando ouvimos discos como *You're Living All Over Me*, de 1987, e *Bug*, de 1988 (os dois, como é de esperar, pela gravadora SST). Dinosaur Jr. soa como aquilo que acontece com o rock quando ele fica tão frustrado com a sua própria falta de ambição que a coisa se transforma em entusiasmo abjeto; quando o cansaço do mundo finalmente cospe suas últimas gotas, abrindo espaço para renovadas faíscas de energia. Nessa altura, só nos resta alguém como J Mascis e uma banda como Dinosaur Jr. fritando seus amplificadores até formarem poças de lama.

O Sonic Youth estava fascinado com uma característica peculiar do som que era criado pelo Dinosaur Jr. Meio de brincadeira — mas *apenas* meio —, eles imaginaram um novo tipo de política dentro daquele olhar lânguido de J Mascis e em sua apatia desgrenhada com relação a tudo, e também na maneira como aquele seu desinteresse se manifestava, ironicamente, nas extravagâncias e nos entusiasmos desgastados da banda. Lee relembra:

> Sabe, "Teen Age Riot" é meio que uma canção política. Na época, a gente brincava com aquela história de "J Mascis para presidente". E não há dúvidas de que quando escrevemos *Daydream Nation* a gente estava profundamente influenciado pelo que o Dinosaur estava fazendo, pela qualidade do som que eles estavam alcançando, pela potência de rock com a qual estavam trabalhando; reunindo o velho e clássico rock'n'roll estilo Neil Young com a energia e retidão do punk rock. Isso era muito importante pra nós naquela época. A gente estava fazendo muitos shows com o Dinosaur, e a música deles com certeza teve um impacto imenso na composição do disco.

Então, na marca de um minuto e vinte segundos, a seção de Kim de "Teen Age Riot" cede e Thurston assume o controle. A um minuto e 21 segundos é hora da decolagem, e uma ventania de guitarras metálicas arrepiadas rasga um buraco no cobertor felpudo da primeira seção. Os acordes entrelaçados de guitarra e as figuras melódicas de "Teen Age Riot" lembram marchas militares triunfantes ou hinos nacionais, uma espécie de "Hail to the Chief"[14] subversivo e *avant-rock*. Essa é, afinal, essencialmente a música de uma campanha vitoriosa para a presidência de J Mascis, e os elementos melódicos centrais têm um quê de saudação. Enquanto o turbilhão nodoso das guitarras de Thurston e Lee segue em frente, Steve aparece para fornecer um catalisador rítmico com uma colisão de címbalos: KABISH! Este é seguido por uma série de clique-claques metronômicos, no estilo antigo; primeiro sozinhos, depois em pares. A força cresce com mais um KABISH! seguido de mais alguns cliques, depois de mais um KAWOOSH!, e começa a corrida. Quando a bateria entra a todo o vapor, é impressionante a sensação simultânea de liberação e antecipação. Lee e Thurston passam esses dez primeiros segundos construindo uma rede tensa e complexa de sons de guitarra acelerados e serpenteantes. A tensão aumenta quando, gradual e dramaticamente, Steve apresenta elementos de percussão maravilhosamente contrastantes: das régias colisões de címbalos, exultantes e majestosas, à simplicidade minimalista e primitiva das duas baquetas se chocando com um clique. São sons igualmente dignos de reis e bárbaros. Portanto, são sons dignos de uma canção de amor para J Mascis.

Enquanto o segmento de abertura de Kim toca como uma gravação das vozes apaixonadas e nostálgicas que circulam dentro da nossa cabeça, a letra de Thurston para "Teen Age Riot" se interessa mais por proclamações exteriorizadas, pú-

---

[14] "Hail to the Chief" é o hino presidencial oficial dos Estados Unidos.

blicas. Ela explica que "todo mundo está falando do clima chuvoso" [*everybody's talking 'bout the stormy wheather*] e "todo mundo está voltando das férias de inverno" [*everybody's coming from the winter vacation*]. A voz narrativa aqui se expressa com afirmações universais, amplas, oferecendo um diagnóstico indireto e sombrio. E ela sugere, com ironia, uma solução na forma de uma nova estética da jovem cultura rock, simbolizada por uma figura como J Mascis. Em contraste com esse tipo de linguagem, o mantra persistente de Kim — "spirit desire / we will fall" — no fim da primeira seção assume um tom agourento, preemptivo. O verso "we will fall", nesse contexto, soa como uma declaração final, indiscutível, sóbria, adulta. A interação entre as seções respectivas de Kim e Thurston em "Teen Age Riot" é, em parte, a interação entre o realismo brutal e o idealismo frívolo dos adolescentes. Se essa música tem uma política, teríamos de vê-la como um otimismo complexo, semicondenado, que vê a Resistência não tanto em termos de banalidades políticas ou sociais, mas em termos de uma distorção rasgada do som, gerada por um fuzz-rocker indie, ultra-apático e hirsuto vindo dos subúrbios, "correndo com sapatos plataforma / com um amplificador Marshall / para ao menos nos dar uma dica" [*running in on platform shoes / with Marshall stacks / to at least give us a clue*]... Kim está certa, nós *vamos* cair, mas só porque nossos saltos são altos demais.

"Teen Age Riot" vê na figura de J Mascis a personificação de um anti-herói verdadeiro, impassível, saído das cinzas do rock'n'roll e recolocado no papel de salvador cultural:

> Here he comes now
> Stick to your guns
> and let him through…

Everybody's coming from the winter vacation
Taking in the sun in exaltation to you...
Looking for a ride to your secret location
Where the kids are setting up a free-speed nation for you.

Apesar do seu inteligente senso de ironia, parte do atrativo de "Teen Age Riot" decorre do fato de que a música também tem uma seriedade intrínseca e um sentido de promessa sincera no seu âmago. Essa genuinidade transparece em versos assumidamente declarativos e animados, como: "It better work out / I hope it works out my way" [Acho bom que dê certo / Espero que dê certo para mim] e "Time to get it / Before you let it / Get to you" [Está na hora de alcançar / Antes que você se deixe / Alcançar primeiro]. Esses encorajamentos amplos são tecidos na narrativa ao lado de versos que revelam uma consciência cansada das lutas frente à "hipernação" pela qual os acólitos do nosso herói estão prontos para "brigar e rasgar tudo". E enquanto uma afeição sincera pelo herói desleixado da música permanece constante, somos obrigados a reconhecer que a redenção que ele oferece está, no fim das contas, condenada: "He acts the hero / We paint a zero / On his hand." [Ele faz o papel de herói / Nós pintamos um zero / Na sua mão.]... "It's time to go round / A one man showdown / Teach us how to fail." [Está na hora de dar a volta / Um confronto de um homem só / Nos ensine a falhar] Mas a revolta adolescente tem paciência, e suas vitórias ficam inscritas nas leis e ferramentas da sua estética. Um dia a hipernação vai receber seu espolio. Até lá nós "Temos uma sirene e um tambor e um martelo soando / E um fio e um pedal e uma fechadura, isso basta... por enquanto" [Got a foghorn and a drum and a hammer that's rockin' / And a cord and a pedal and a lock, that'll do... for now].

Faixa dois: "Silver Rocket"

E o toque final dos acordes de "Teen Age Riot" recua, tornando-se silêncio. Há um momento, um microcompasso — semelhante àquele instante no ciclo da respiração em que a dinâmica passa da exalação de ar utilizado para a onda de inalação rejuvenescedora de oxigênio — em que a faixa atual terminou mas a seguinte ainda não começou. Nesse pequeno intervalo, há uma curta pausa para que possamos saborear a exaustão do avanço carregado e fluido de "Teen Age Riot", e logo depois voltamos ao trabalho. Antes que possamos recuperar o fôlego, o uivo de "Silver Rocket" vem guinchando por cima do horizonte (começando pelo canal esquerdo, ele atravessa continuamente a imagem estéreo, e se instala no direito) desencadeando uma incursão após outra de ataques de guitarra que poderiam causar uma assadura química. Colocar "Silver Rocket" logo depois de "Teen Age Riot" é o mais perto que *Daydream Nation* chega de comotor um erro estrutural. É quase injusto e insultante quão essas duas músicas são revigorantes. A graça salvadora dessa união profana reside, antes de tudo, na tranquilidade introduzida na vinheta de abertura de Kim, que ainda reverbera. Em seguida, a justaposição das qualidades tonais e rítmicas variantes de cada faixa permite, na verdade, uma impressão de continuidade mais que de excesso de energia cinética. Mais uma vez, o ritmo de *Daydream Nation* é mantido desde o começo com um cuidado meticuloso. Apesar de sua grandiosidade propulsora, "Teen Age Riot" usa uma interpretação vocal que fica ligeiramente deslocada da batida rítmica dominante da música. Os versos de Thurston soam quase sonolentos, dignos de Mascis, às vezes. Enquanto as baterias e guitarras avançam num ritmo constante, a letra se desenrola num fluxo preguiçoso, semiacordado. "Teen Age Riot" também é construída em torno de acordes que têm características melódicas mais ou menos familiares, quase calorosas. Então, no âmago dessa intimação catalítica e eficaz da música há um certo carinho afetuoso. "Silver Rocket", embora estenda e até acelere a agitação meteórica estabelecida por "Teen Age Riot", não mostra absolutamente nenhuma piedade tonal ou rítmica. Não há nada no âmago dessa faixa que traga qualquer consolo auditivo ou calor melódico. Saliva escorre dos seus caninos e ela quer rasgar os seus rins.

"Silver Rocket" é exemplar na medida em que representa a habilidade do Sonic Youth de pegar a energia e arquitetura do ataque e da aceleração explosivos do punk e transformá-los numa criatura de sua autoria. Enquanto possui o mesmo *pedigree* agressivo e volátil que o hardcore, a faixa também explora seus antepassados a serviço de seus fins: não pode ser por acaso que "Silver Rocket" contém o primeiro episódio de absoluto terror sonoro, de quebrar paredes e estuprar ouvidos. O primeiro indício de que a música possui um ataque represensivo na manga se revela nos seus momentos iniciais, quando os guinchos lancinantes da estática surgem à frente de tudo, como uma sirene de ataque aéreo advertindo sobre a chegada iminente de um bombardeio maciço.

Mas o alarme foi acionado tarde demais... Abruptamente, de trás da camada inferior do grito da sirene, uma frase de sete notas de guitarra irrompe e libera uma corrente tensa de violência metálica sobre o mundo todo, *esfaqueando* e *esfaqueando* e *esfaqueando* e *esfaqueando* e *esfaqueando* e *esfaqueando* e *esfaqueando* a superfície da estática como um canivete elétrico furioso e ensandecido. A frase inteira é repetida oito vezes, em duas oitavas, enquanto a estática tenta desesperadamente escapar do ataque, se entrelaçando, serpenteando, ondulando em torno das notas, murmurando e uivando pela vida, até que finalmente, depois de dez segundos desse abuso, o ataque abranda enquanto o zumbido e a antimelodia pairam brevemente numa espécie de suspensão mútua, reconhecendo um ao outro, integrando seus objetivos e protocolos operacionais em um mesmo fronte unificado. E então, em um só instante, ambos se chocam contra a terra como uma unidade coesa e apavorante.

Tudo isso leva uns 18 segundos. E a essa altura, a devastação está apenas começando. A próxima fase de contusão começa por volta da marca dos vinte segundos. Aqui, os componentes centrais da música se encontram numa investida poderosa. Quando a bateria, o baixo e as guitarras se precipitam num baque com a sucção de um buraco negro, a batida inicial e unificada tem um impacto de mil martelos, e começa então a corrida para a lua.

Nos shows do começo do inverno de 1989, Thurston apresentava "Silver Rocket" como uma música sobre Andy Warhol. Mas ele estava errado. Essa música é sobre ser eletrocutado por um martelo amplificado no espaço sideral dos tubos de TV. Ou, pelo menos, pode-se argumentar que a música é sobre tal experiência, e não há muito que Thurston Moore ou qualquer outra pessoa possa dizer para provar o contrário. A letra de "Silver Rocket" é uma das mais deliciosamente oblíquas de *Daydream Nation*. Ela é formada por uma série de imagens e declarações que se interpenetram e cuja intenção é *sugerir* um sentido, mais que articulá-lo diretamente. Assim como Warhol fez com sua arte e sua persona, Thurston usa "Silver Rocket" como um veículo para a formação de um novo vocabulário. O segredo — e acho que é aqui que a abordagem artística de Warhol entra em jogo — é que a linguagem fabricada é formada de componentes familiares, comuns, pelo menos semiacessíveis. São como gírias do futuro. E assim como o pop art de Warhol, a gíria recodifica o familiar. Peguem, por exemplo, a primeira estrofe:

> Snake in it
> Jack into the wall
> TV amp on fire
> Blowing in the hall
> Gun your sled
> Close your peeping toms
> Turbo organizer
> Cranking on the knob

É difícil se orientar diante desse tipo de barragem. As imagens aqui são cortadas, abreviadas: uma série de máximas, diretivas e slogans reduzidos a estenografias crípticas. Não há voz narrativa à qual possamos nos segurar. Os versos parecem surgir do ar, desencarnados, como um subproduto gasoso do ritmo desenfreado da própria música. São gases de escape verbais. As palavras correm através do éter como neologismos telegráficos enviados de satélites distantes que viajam a uma velocidade vertiginosa. O que agrava essa desorientação é o fato de Thurston não *cantar* a letra de "Silver Rocket" — ele a descarrega. Sua interpretação vocal é epiléptica, acelerada, como se a sua voz mal fosse capaz de acompanhar a linguagem. Sem a letra impressa, o amontoado de palavras nessa faixa é quase indecifrável. E o objetivo é exatamente esse. "Silver Rocket" tem o hardcore no sangue. E o hardcore nos ensinou que não é preciso enunciar cada sílaba, articular cada palavra, ou mesmo ser inteligível. O hardcore fala em código. Pode-se deturpar o vocabulário porque a verdade está no caos. Dito isso, é possível dar algum sentido à letra de "Silver Rocket" sem sacrificar suas convoluções intencionais.

Tanto em seu conteúdo musical quanto em seu conteúdo temático, "Silver Rocket" se interessa pela energia e pelo aproveitamento de quantidades de energia a serviço do movimento. Mas as metáforas e imagens utilizadas para comunicar esses temas servem a um propósito duplo; também há muitos elementos sexuais nessa música. No verso de abertura, um fio "serpenteia" para dentro de uma tomada e a energia é sugada de uma parede. Mãe de todos os sugadores de energia, a TV acaba com uma caixa de som estourada em um corredor qualquer. Ou será que esse "explodindo no corredor" descreve um contato oral exibicionista? Em todo caso, a música nos ordena a desviar os olhos dessa cena e fugir, "acelerando" nosso "trenó", um veículo para crianças, aqui transformado em modo interplanetário de transportação veloz. Depois de "turbo organizarmos" nossa partida da cena no corredor (talvez uma referência à impressionante capacidade de Warhol de lidar com múltiplos projetos simultaneamente e sem esforço, envolvendo hordas de colaboradores), nós pisamos fundo no acelerador — outro duplo sentido erótico e fálico —, e aí vamos nós no nosso foguete prateado que, aliás, se move tão rápido que queima "buraco(s) no(s) seu(s) bolso(s)" e *não pode ser parado*: há energia e velocidade demais. O ataque intermitente dos instrumentos reforça a preocupação da letra com a energia de expectativa. A bateria de Steve é precisa e ágil, totalmente presente. As guitarras e o baixo metem a porrada na progressão de acordes, fazendo o motor da música ficar vermelho.

Vamos supor que Thurston tenha razão quando diz que "Silver Rocket" é sobre Andy Warhol. Poderíamos ver a música como uma representação do próprio artista. Nesse sentido, "Silver Rocket" é uma espécie de retrato em áudio eletrificado, uma minibiografia condensada e imagética que capta o *élan* futurista e dinâmico de Andy Warhol na forma de uma breve explosão do rock'n'roll no espaço. O fato de o foguete do título ser prateado traz à lembrança a peruca metálica característica de Warhol e os iconográficos ornamentos de papel-alumínio que cobriam as famosas paredes da Factory.

A segunda estrofe eleva a intensidade dos elementos temáticos introduzidos na primeira:

Hit the power
Psycho helmets on
You got to splice your halo
Take it to a moon
Nymphoid clamor
Fueling up the hammer
You got to fake out the robot
And pulse up the zoom

A distribuição de energia virou uma coisa perigosa, e o transporte interestelar agora requer medidas de segurança (visto que somos encorajados a "ligar a energia", mas primeiro devemos nos assegurar de que colocamos nossos "capacetes *psycho*". Quem sabe um adereço projetado para nos proteger da demência induzida por movimento rápido?). Nessa altura, a sexualidade da música alcança um nível neurótico ("ninfoide"), resultando na metáfora erétil de um martelo abastecido. Uma série de imperativos (todos aqueles "você *tem* que" [you got to] — uma formulação tão antiga quanto o próprio rock'n'roll), tirados do vernáculo de mercado negro de alguma galáxia ainda não documentada, é espalhada por toda a estrofe. A linguagem torna-se tecnoecumênica de repente, quando a música nos ordena a "unir (nosso) halo", uma ordem bizarra que talvez venha do catolicismo passado de Thurston (?), e que conjura a esterilidade fria da manipulação genética misturando-a com o brilho caloroso da beatitude angelical (esta última talvez seja uma doce alusão a Andy, cuja persona delicada e generosa emanava um certo charme de querubim). O verso sobre "enganar o robô" dá uma tensão dramática à narrativa — trazendo à mente a imagem do nosso foguete prateado lançado no ar balançando e tecendo seu caminho em torno de um robô obstrutivo cujo automatismo embrutecedor ameaça destruir nossas energias criativas. Quando conseguimos escapar desse robô desgraçado, somos encorajados — não, somos ordenados (repare, mais uma vez, no imperativo "ter que") — a iniciar uma descarga máxima de energia para atingir uma velocidade tão frenética que Thurston é obrigado a distorcer a linguagem para descrevê-la, a "pulsar o zoom", por assim dizer.

Depois que mais uma rodada de refrão é proferida, as coisas tomam um rumo apavorante. Talvez numa tentativa de recriar o possível som dessa "pulsação do zoom", o Sonic Youth sai guinchando do segundo refrão e lança uma bomba sonora de tonelagem pavorosa. Ela vem na marca de um minuto e 31 segundos, e exige nossa atenção com uma força absoluta de Lei Universal. Da primeira vez que ouvimos esse trecho, ele nos faz pensar em coisas ruins: cavalos explodindo, vigários irritados jogando tijolos em chapas de vidro, fronhas de travesseiro cheias de agulhas. No entanto, quando esse trauma inicial é reprimido e nos tornamos capazes de ouvir esse trecho mais prontamente, percebemos que a experiência é, na verdade, revigorante, estranhamente purificadora. Isso se deve a seu absoluto desprezo por qualquer espécie de formalismo e coerência em prol de uma exaltação pura e ensurdecedora do próprio barulho. Quando prestamos atenção aos diversos componentes desse trecho, começamos a ver deslocamentos na textura da superfície e flutuações na topografia sônica que não costumam acontecer na estrutura de uma música de rock: lâminas sibilantes de silenciador, explosões gritantes de distorção, guinchos cortantes de amplificador, *uma porra de um colapso sônico absoluto*. Também é interessante o jeito como o Sonic Youth acomoda esse minuto (mais ou menos) de densa massa sonora na estrutura da música. Ele chega num momento dramático apropriado do fluxo narrativo (logo depois de termos "enganado o robô" e "pulsado o zoom"). O retinir da sessão de barulho é oportunamente metálico, reflete as superfícies ligadas dos diversos objetos e meios de transporte representados na letra (capacetes, martelos, trenós, foguetes).

Depois desse sólido minuto de estridência barulhenta e estilhaçada, o tema central de guitarra se inicia através das labaredas e cortinas de fumaça, abrindo seu caminho de volta para o primeiro plano. Steve entra na marca de dois minutos e

44 segundos para ajudar na reconstrução da estrutura musical demolida. Seus triplos e quádruplos, junto com a volta do gancho de guitarra, são bem-vindos e representam um alívio familiar do turbilhão que o precede. Mas ainda não acabou. Os ares empertigados e as armadilhas de Steve introduzem um surto frenético que invade os próximos 24 segundos. Depois de soltar alguns flashes de estática e ruídos residuais do ataque de barulho, o crescendo atinge seu clímax na marca de três minutos e oito segundos, recapitulando a instrumentação original da música e suas partes estruturais.

Thurston volta com uma rodada final e gloriosa de vomição verbal:

> Can't forget the flashing
> Can't forget the smashing
> The sending and the bending
> The ampisphere re-entry
> You gotta have the time
> Got a letter in your mind
> Gotta heart injection
> That you got yourself a line

Os dois primeiros versos talvez façam referência ao ataque de barulho que acabamos de ouvir: um índex vocal do "piscar" e do "quobrar" que formaram aquela algazarra ímpia. Ou, se concordarmos com Thurston que "Silver Rocket" é "sobre" Andy Warhol, podemos encontrar nessa salva de verbos que abre a estrofe — piscar, quebrar, enviar e dobrar — uma relação com a energia criativa: o "piscar" das câmeras, o "quebrar" de técnicas artísticas ultrapassadas, o "enviar" ou transmitir da visão criativa na arte, o "dobrar" da matéria-prima em novas formas. Tudo isso é feito em prol do movimento de avanço, um movimento que atinge seu ponto máximo na "reentrada da ampiesfera" — uma reentrada na própria criatividade, talvez. Ou será que essa expressão evoca Andy e seus poderes criativos retornando para a matéria estelar e planetária depois de sua morte precoce e criminosa?

A sequência final de afirmações e imperativos é tão simplista e críptica que chega a ser impenetrável. No fim dessa estrofe, vemos que ocorre um último aumento de energia — uma "injeção de coração" —, embora a ambiguidade da locução não nos permita saber se trata-se de um coração que está sendo injetado com algo, ou se estão nos injetando um coração. Finalmente, na última imagem, um tipo estranho de realização ocorre. "Você arranjou uma linha" — isso representa a conquista final do artista semideus interestelar. Uma "linha". Uma linha de cocaína (leia-se: "injeção de coração")? Uma linha de comunicação? Uma linha de vida? É claro que não podemos saber a resposta, e duvido que o próprio Thurston saiba. Trata-se de um código, e, às vezes, o próprio criador do código desconhece seu segredo.

Mas uma *"linha"*? Tipo:

―――――――――――――――

Que merda é essa, cara?

Faixa três: "The Sprawl"

O som é imediatamente, inquestionavelmente reconhecível, e paralisante. Ele pode interromper a sua marcha e deixar você ali de pé, imobilizado, uma cabra perdida diante dos faróis do carro. Seu poder evocativo é digno de uma convulsão. Ele é tão hipnotizante e viciante quanto um narcótico. E foi capturado num disco, bem ali, nos primeiros quarenta segundos de "The Sprawl". Tudo está contido nele: aquela característica distante da guitarra que lembra uma estrada à noite, a pulsação grave do baixo perfeitamente contida, o deslizar nítido dos címbalos de Steve, a elevação deslumbrante do gancho melódico principal. Então entra aquela voz, soterrada por camadas de reverberação: de uma lindeza realista, ela é reluzente mas seca, acerada porém feminina, um pouco irritada, com força gravitacional. Todos esses elementos se unem numa grande e eletrizante fuga noturna que soa como planetas desconhecidos (de cor ocre, turquesa e tangerina) que avançam na direção de outros planetas desconhecidos (verde-azulados, roxos, crivados de crateras). *Essa* é a perfeita destilação do som do Sonic Youth, uma sinopse de quarenta segundos para a qual você pode apontar se algum dia perguntarem: "Qual é a essência dessa banda, exatamente?"

"The Sprawl" se inspira nas sugestões líricas dos romances sulistas brutais de Harry Crews,[15] e seu título vem da trilogia tech-punk[16] de William Gibson: *Sprawl* [A expansão]. A música faz exatamente o que o seu título sugere: ela se expande sonoramente, e suas explorações tangenciais emanam da sua estrutura de composição central. "The Sprawl" é a faixa única mais longa de *Daydream* e é composta de uma sessão vocal com duas estrofes, mais um refrão que se repete, seguido de

---

[15] Harry Crews foi criado numa fazenda em Bacon County, na Geórgia, em condições de pobreza e violência frequentemente assustadoras (ele narra um incidente em sua autobiografia intitulada *A Childhood* [Uma infância] em que foi jogado num tanque de água fervente usada para clarear os pelos dos porcos antes que eles fossem abatidos). Ele finalmente entrou para a Marinha e foi soldado na Coreia. Com um interesse crescente por literatura, voltou da guerra e se inscreveu na Universidade da Flórida para estudar inglês. Acabou publicando um impressionante conjunto de obras que atravessam diversos gêneros: contos, romances, ensaios, roteiros, memórias. O entusiasmo de Kim pela obra de Crews é de fato evidente em "The Sprawl", mas alcança sua expressão plena em um projeto paralelo no qual ela estava envolvida junto com Lydia Lunch e Sadie Mae. O trio se chamava "The Harry Crews" e lançou um disco em 1989 intitulado *Naked in the Garden Hills*.

[16] A trilogia de Gibson é composta por *Neuromancer* (1984), *Count Zero* (1986) e *Mona Lisa Overdrive* (1988). Esses três livros tiveram uma importância considerável no mundo da ficção científica escrita. *Neuromancer*, em particular, causou um verdadeiro tumulto, ganhando todos os prêmios importantes do gênero (Hugo, Nebula, Philip K. Dick) no ano de seu lançamento. O Sonic Youth certamente passava de mão em mão as suas cópias comunitárias e sujas da obra de Gibson dentro da van no fim dos anos 1980. Dá para ouvir sua influência transparecendo não só na temática, como em "The Sprawl", mas também no estilo retórico da língua espacial imaginária de Thurston em "Silver Rocket". A escrita de Gibson combina a cadência em *staccato* dos romances policiais e o linguajar florescente do cyberpunk, prestando-se a um uso fácil no contexto das letras de rock.

uma extrapolação instrumental extensa e espaçosa (leia-se: *expansiva*) dos componentes melódicos e estruturais, que serve tanto de "extrodução" quanto de improvisação cinematográfica com seu alcance e sua elegância áspera.

Os romances de Harry Crews são povoados por personagens cujas vidas se passam nas margens violentas de uma América sulista miserável. A letra de Kim para "The Sprawl", com suas correntes fervorosas e violentas, faz referência a imagens e personagens que poderiam ter sido tirados diretamente de livros como *A Feast of Snakes* [Um banquete de serpentes], *All We Need of Hell* [Tudo o que precisamos do inferno] e *The Knockout Artist* [O artista do nocaute]. A paisagem e o ambiente descritos na letra da música refletem aqueles encontrados nos romances de Crews: são repletos de casebres de armas, rios turvos, vultos enferrujados de maquinaria.

Em contraste com o realismo rural e sombrio dos romances de Crews, William Gibson constrói em sua trilogia *Sprawl* uma rede de geografias futuras hiperurbanas abastecida por tecnoeconomias elaboradas de mercado negro, paisagens midiáticas supersaturadas, arquitetura sintética anti-humana e organismos biológicos pós-orgânicos. As cidades de Gibson e os personagens que as povoam são patologicamente impelidos por comércio e aquisição. No futuro imaginado por ele, a acumulação de informação, o acesso a ela e a tecnologia que permite esse acesso são soberanos. Não admira que o Sonic Youth tenha sido atraído por esse tipo de ficção: os livros de Gibson descrevem um mundo que lembra muito o corredor industrial do Nordeste americano e a área metropolitana da cidade de Nova York que funciona como seu eixo.

Há gravações ao vivo do fim do ano de 1988 (uma no espaço Metro em Chicago, especificamente) em que Kim apresenta "The Sprawl" como uma música "sobre fazer compras...". Usando isso como estrutura de referência para nos orientarmos, e combinando-o com certos elementos temáticos da ficção de Crews e de Gibson, vamos dar uma olhada na primeira estrofe:

> To the extent that I wear skirts
> And cheap nylon slips
> I've gone native
> I wanted to know the exact dimensions of hell
> Does this sound simple?
> Fuck you!
> "Are you for sale?"
> Does "Fuck you" sound simple enough?
> This was the only part that turned me on
> But he was candy all over

Os trajes exteriorizados da feminilidade ("saias/calcinhas baratas de nylon") são vistos zombeteiramente como uniformes obrigatórios ("virei nativa"). Um antagonismo sexual volátil entre a voz narrativa e seu interlocutor entra em ação quando um imaginário sugestivo leva a uma desagradável interferência de sinais: por um lado há o desejo de "saber as dimensões exatas do inferno", e por outro há um personagem sem nome que indaga sobre a disponibilidade sexual da nossa narradora, abordando-a com base na impressão de que ela é uma prostituta ("Você está à venda?"). Isso, é claro, suscita uma reação nada positiva ("Vá se foder!"). No entanto, o diálogo é virado de cabeça para baixo quando a narradora admite que a verdadeira tragédia aqui é que a grosseria do homem coincide com o seu apelo sexual ("Mas ele todo era uma gostosura").

A segunda estrofe dá detalhes autobiográficos condensados do passado da nossa narradora:

I grew up in a shotgun row
Sliding down the hill
Out front were the big machines
Steel and rusty now I guess
Out back was the river
And the big sign on the road
That's where it all started

"The Sprawl" funciona como uma narrativa de maioridade e perda de inocência femininas num cenário pós-industrial inóspito *à la* Crews/Gibson. As imagens são sinistras, com suas espingardas, seu movimento declinante ("deslizando *para baixo* da colina"), os vultos flutuantes da maquinaria abandonada, a lembrança entupida de lodo daquele rio ignorado — a natureza vencida, deixada "lá atrás" para apodrecer em poluentes e fezes. Elevando-se acima de todo o *tableau*, e esperando de maneira agourenta "na estrada" está essa imagem da "grande placa" — talvez um outdoor, e uma representação da nossa fixação cultural com a propaganda, assim como sua obsessão anexa com a mercantilização. Talvez seja um pouco forçado, mas, de certa forma, essa estrofe articula sucintamente todo o ciclo capitalista do Ocidente e a natureza do consumismo americano, de um só golpe: máquinas constroem coisas, empresas fazem propagandas dessas coisas, pessoas pobres compram essas coisas, máquinas param de trabalhar e são deixadas para apodrecer ali mesmo, novas máquinas que produzem novas coisas são construídas, mais propagandas, e tudo continua essa loucura no grande turbilhão de produção e consumismo que ordena a seus súditos: "Venha aqui para a loja" [*Come on down to the store*] — onde eles podem "comprar mais e mais e mais e mais" [*buy some more and more and more and more*].

Kim profere o último "*more*" do segundo refrão aos dois minutos e 49 segundos. Ele some na mistura de sons com uma exalação ofegante, quase erótica ("*You can buy some more, more, more, morehhhhhhhhhhhhh*"). A música volta para a primeira ponte instrumental com suas guitarras reluzentes gritando, tocando como sinos perturbados e em chamas. A bateria sólida e eficiente de Steve leva adiante a interação entre guitarras e baixo com uma determinação firme. Na marca dos quatro minutos, a dinâmica muda de ritmo. A bateria se descomprime, o baixo e as guitarras ficam calmos e ruminantes, todos os elementos parecem suspirar e se dissolver. Os próximos três minutos e três quartos da faixa são uma espécie de flutuação e balanço num entrelace livre de melodia, tom e barulho — o efeito geral é impressionante na sua beleza frágil e precária. Essa sessão tem um aspecto fúnebre e contemplativo, enquanto a própria música ameaça evaporar a qualquer momento. As rajadas abafadas dos címbalos de Steve assobiam delicadamente em meio às guitarras decadentes e resfolegantes enquanto o baixo de Kim se inclina e precipita sobre suas permutações distorcidas e cansadas. À distância, resquícios de estática bocejante e carbonizada suplicam por ar e expressão plena à medida que a música finalmente desaparece no vazio, seus arabescos sonoros sumindo dentro da atmosfera como nuvens esquecidas e gastas.

3. Rumo a uma nova economia do som, dos objetos e da genitália

Sobre corpos manipulados: físicos, mecânicos, legais ou não. Uma mórbida litania de abusos. Nós dos dedos ficando brancos. Entra o hermafrodita. "Rasgue essa coisa grande." Overdose é para os niilistas! Piru *demais.*

> Brocas, chaves de fenda, baquetas, discos LP, elásticos, parafusos e pequenos objetos metálicos.
> — LEE RANALDO, sobre materiais incorporados à força dentro das (muitas) guitarras do Sonic Youth

Agora, vamos parar de falar do disco um pouco e nos concentrar mais em ouvidos e dentes.

Segundo o encarte original do LP de *Daydream Nation*, o Sonic Youth lançou as músicas desse disco sob os auspícios do seguinte copyright: "My Ears! My Ears! [Meus ouvidos! Meus ouvidos] 1988", enquanto o relançamento em CD pela gravadora Geffen atribui os direitos a "Sonic Tooth [Dente] BMI 1988".[17]

---

[17] My Ears! My Ears! é o braço editorial original da Blast First, a gravadora inglesa criada por Paul Smith, o venerável Svengali [alguém que tem poderes de persuasão maléficos; a expressão vem de um romance de

Essas duas formulações são, na sua funcionalidade, tão banais quanto qualquer outra entidade legal de copyright que você já ouviu. No entanto, para nossos fins, é particularmente interessante ver aí a menção a ouvidos e dentes. Essas referências corpóreas são indícios reveladores da afinidade generalizada da banda por ultrapassar as barreiras da fisicalidade. Essa curiosidade com a natureza, o alcance, os limites e a mutabilidade dos corpos (aqui na sua acepção de "coisas" de maneira geral, mas certamente não excluindo os corpos *humanos per se*) pode ser rastreada em toda a trajetória do Sonic Youth.

Vejamos, por exemplo, o registro detalhado (citado acima) dos vários materiais que Lee e Thurston já enfiaram nas suas guitarras. Essa lista não apenas indica uma fixação obcecada com o experimentalismo sonoro, como também incorpora, literalmente *incorpora*, a propensão do Sonic Youth a manipular de maneira transgressiva tudo que é físico. Ninguém mete uma broca ou uma chave de fenda ou um "pequeno objeto metálico" dentro de uma guitarra elétrica se não tiver uma predisposição profundamente enraizada a empurrar as coisas desse mundo até os seus limites absolutos, ver como a coisa se sustenta, e depois empurrar mais ainda.

A esse respeito, é um tanto revelador que o Sonic Youth tenha se dado ao trabalho de gravar uma série de slogans dissimulados na faixa externa das prensagens originais em

---

George du Maurier] da cena de *avant*/indie rock do início dos anos 1980 com o mérito de ter lançado, além do Sonic Youth, grupos tão inegavelmente vitais quanto os Butthole Surfers, Big Black e Dinosaur Jr. no Reino Unido. A Blast First foi responsável pelo lançamento do *Daydream Nation* na Inglaterra. Sonic Tooth BMI é a entidade de publicação controlada e designada pelo Sonic Youth, em posse dos direitos do catálogo musical da banda.

vinil de *Daydream Nation*. De certa forma, a tendência hiperexpressiva de um gesto tão simples revela uma questão crucial sobre a metafísica operacional que guia essa banda: para o Sonic Youth, os limites existem apenas para serem provocados, violados e, em última análise, reconstituídos. Os escritos gravados na faixa externa do disco são o jeito como a banda injeta conteúdo expressivo onde nenhum conteúdo havia sido originalmente previsto — um ato provocador de articulação na esfera do inarticulado, de liberação alcançada por intermédio da transmissão de mensagens codificadas via canais clandestinos e semiproibidos.

As inscrições dizem o seguinte:

Lado 1: "Rock and Roll for President"
Lado 2: "Star Strangled Bangles"
Lado 3: "Destroy All Record Labels, Part 2 — High, End"
Lado 4: "No Sleep Till Rhino"

Voltando à designação "Sonic Tooth BMI": um "dente sônico" é, bem, um *dente* com uma capacidade natural de gerar ondas de áudio e/ou viajar em velocidades iguais à do som (é um dente notável!). Essa metáfora é um bom exemplo da afinidade persistente do Sonic Youth com um imaginário corpóreo transgressivo. O fato de se tratar também de uma brincadeira bem-humorada com o nome da banda parece ilustrar ainda melhor esse argumento. Mesmo num processo administrativo tão deprimente quanto o de estabelecer uma entidade de copyright, a tendência do Sonic Youth é distorcer a forma padrão, transformando-a em algo totalmente diferente. Aqui, a incongruidade brincalhona de "sonic" e "tooth" é fusionada para criar uma espécie de *superdente* escandaloso e bizarro capaz de viajar a velocidades drásticas. No universo da banda, os corpos são sempre disformes, torcidos ou reconstituídos de alguma forma. Nenhum "corpo" está fora do alcance da manipulação, nem mesmo, como no exemplo do Sonic Tooth, um *corpo legal*.

O fetichismo do Sonic Youth por guitarras manipuladas, e, por extensão, seu afeto ávido pela modificação de *coisas* de modo geral alcança o auge da sua expressão na forma da amorosamente destruída (e tragicamente furtada) Drifter. Ah, a Drifter. Esse é o tipo de guitarra sobre o qual sua mãe o avisou. O pedaço de entulho desafinado mais barulhento, nojento e turbulento que já teve permissão de sair de casa depois do anoitecer. Famosa por sua sobrevivência a toda prova digna de Rasputin, a Drifter era o tipo de guitarra-catástrofe que podia fazer, imagino, com que os fracos, assim como crianças pequenas ou médias, fugissem horrorizados ao avistá-la e depois corressem desesperados quando ela desse seu grito magnífico e ímpio — "*wooooowruwrooooowruwroooooow*"[18] — saído de suas entranhas miseráveis. Durante quase vinte anos, a Drifter ficou fielmente a postos, veterana cansada mas não vencida dos épicos combates históricos que ocorriam nas extremida-

---

[18] Essa é a minha melhor tentativa de transcrever a representação de Aaron Blitzstein do som que a Drifter fazia. Aaron deu estúdios, apoio técnico e de arquivamento ao Sonic Youth durante anos. Nossa conversa sobre a Drifter ilustra a dificuldade de se articular certos aspectos da paleta sonora da banda. Aqui, Aaron, que conhece as complexidades e nuances da banda melhor que ninguém, é forçado a juntar uma série de vogais e consoantes confusas para tentar alcançar a peculiaridade do som da Drifter. Nesse caso, o uso de palavras comuns geralmente não esclarece direito a coisa. Um novo vocabulário se faz necessário. Formulações inventadas, malucas e esquisitas como a de Aaron são um começo.

des do repertório do Sonic Youth. (Em *Daydream Nation*, a música na qual a guitarra aparece mais em destaque é "Eric's Trip".) O catálogo dos danos acumulados causados a esse animal ao longo dos anos parece um relatório médico infeliz de algum necrotério abandonado do rock'n'roll:

- todos os trastes removidos.
- quatro das cordas são de baixo.
- dois afinadores de Mi arrancados.
- duas baquetas enfiadas debaixo das cordas.
- captadores de bobina simples colados no corpo.
- todos os potenciômetros cobertos de fita isolante.
- fraturas óbvias.[19]

No que diz respeito à tendência rebelde do Sonic Youth a manipular objetos (musicais ou outros) com o objetivo de descobrir novas formas de som, depois de um longo e frustrante histórico de bateristas sempre indo e vindo, a banda encontrou um cúmplice verdadeiramente apropriado e complementar em Steve Shelley. Steve, que foi criado em Michigan com uma dieta à base de rock underground e de hardcore puros do Meio-Oeste, se juntou à banda depois do lançamento de *Bad Moon Rising*, em 1985. As circunstâncias do encontro provavelmente formam a história mais bem-sucedida de sublocação de apartamento que já existiu. Stevie recorda:

---

[19] Chris Lawrence detalha dessa maneira os ferimentos e debilitações da Drifter no seu site extraoficial, porém sancionado oficialmente, sobre o Sonic Youth, que mantém de maneira meticulosa e para o qual faz pesquisas exaustivas.

Eu fazia parte de uma banda chamada os Crucifucks, no Meio-
-Oeste. O Sonic Youth sabia da existência da minha banda e eles
tinham uma fita nossa que costumavam tocar antes de entrar em
cena, como música pré-show. Minha banda sempre estava se se-
parando e depois se juntando outra vez. Mas houve um momento
em que fizemos um show no CBGB's, um show punk de matinê.
Thurston e Lee vieram e eu os conheci, e depois mantivemos
contato. De volta a Michigan, os Crucifucks se separaram e eu
acabei sublocando o apartamento de Kim e Thurston enquanto
eles estavam em turnê com Bob Bert na Inglaterra. Isso foi logo
antes do lançamento de *Bad Moon Rising*. No meio do caminho,
Bob decidiu sair da banda. Kim e Thurston voltaram para casa e
basicamente me encontraram lá com as malas prontas: eu tinha
encontrado outra sublocação na cidade. Ia tentar ficar mais um
tempo em Nova York, mas não sabia o que ia fazer. Então, basicamente, eles tinham um baterista no apartamento, e me con-
trataram para a banda, ali mesmo. Não tive que passar por um
teste nem nada.

Eu olho fixamente para ele, meio ansioso, meio risonho, como
se perguntasse: *Você está de sacanagem com a minha cara?*
Ele continua descaradamente feliz, mesmo depois de fazer
parte permanente da banda durante décadas, quando responde ao meu olhar: "Eles eram a minha banda preferida... É,
era um trabalho dos sonhos."

Eles eram a minha banda preferida. Fico tão emocionado
com a franqueza e a falta de artifício dele que chego perigosa-
mente perto de me levantar e lhe dar um abraço. Não teria sido
nada apropriado, mas sei que ele teria reagido com elegância
e bom humor. Quer dizer, o cara é inabalavelmente, quase ir-
ritantemente *legal*. O que não significa que ele não seja capaz
de estourar seu cérebro com um par de baquetas.

Finalmente curados de um caso exasperante de síndrome de baterista rotatório Edson/Bert/Sclavunos em 1985, Kim, Thurston e Lee podiam então começar a trabalhar, com seu novo integrante atrás da bateria.

Steve Shelley pode parecer o tipo de sujeito que leva refeições para inválidos e idosos em sua caminhonete, mas atrás dessa simpatia modesta, bem-comportada e calma de fazendeiro há uma satânica perspicácia e ferocidade percussivas. Depois de uma série de relações semifrustrantes com bateristas descomprometidos ou simplesmente errados para a banda, agora o Sonic Youth tinha seu único ingrediente questionável firmado e no lugar certo. A chegada de Steve Shelley marca de maneira muito concreta uma integração coesa que permitiu e contribuiu para o impulso do Sonic Youth em direção à realização plena do seu potencial enquanto grupo de rock. A musicalidade da sua bateria proporcionou um sistema de apoio estrutural confiável para as inclinações mais experimentais e barulhentas da banda, enquanto, ao mesmo tempo, sua maneira de tocar guardava uma abertura à exploração que fortalecia o impulso vanguardista do grupo. A entrada de Steve Shelley no Sonic Youth pode ser vista, de certa forma, como o momento decisivo do período intermediário inicial da banda, e, por extensão, como o acontecimento que solidificou a habilidade coletiva do grupo transformando-a em estética de conjunto coerente, permitindo que eles avançassem na sua posição de importância permanente no universo do rock'n'roll. Não tenho a intenção de diminuir as revolações ousadas e os avanços brilhantes no som e na textura do rock que a junção das contribuições respectivas de Kim, Lee e Thurston criou; mas de certa forma, depois que Steve aparece e como resultado direto de sua chegada ao Sonic Youth, simplesmente não há mais como parar a banda.

Os elementos que contribuem para o desenvolvimento do grupo depois da chegada de Steve e ao longo dos anos 1980 se cristalizam com o lançamento de *Daydream Nation*, em que a interação de imagens fortes, narrativas lúgubres e ousadia sonora que atravessa *Confusion is Sex*, *Bad Moon Rising*, *EVOL* e *Sister* encontra sua expressão derradeira e apavorante. Levando em conta as ambições e cronologias iniciais do Sonic Youth, *Daydream Nation* está situado com precisão no limiar onde arte e rock se encontram, cada um violando e forçando o outro reciprocamente numa fecundação cruzada e hermafrodita de barulho, imagem, texto e timbre. Um experimentalismo sônico obstinado, influenciado tanto pelas inclinações do *avant-garde* radical quanto pelo primitivismo punk, dá de cara com um estruturalismo melódico em *Daydream Nation*. Para colocar isso de forma clara — e talvez um pouco hiperbólica —, o resultado é um disco duplo de rock tão feroz que é capaz de rachar o topo da sua cabeça. Antes de *Daydream Nation*. Depois de *Daydream Nation*. Como eu disse, essas são duas dimensões distintas, dois períodos de tempo distintos: para o Sonic Youth, seus ouvintes e para o resto do mundo do rock'n'roll moderno.

O arco histórico mais amplo da banda com relação à chegada de Steve e o profundo impacto que o movimento SST/indie rock teve no seu desenvolvimento era algo de que eles tinham plena consciência. Lee reitera:

> Se você pegar a nossa carreira a partir do momento em que Steve se juntou a nós, começando com *Bad Moon Rising*, passando por *EVOL* e *Sister*, quando chegamos em *Daydream Nation* a gente estava mesmo alcançando nossos próprios poderes, de certa forma. Acho que pra muita gente *Sister* foi o disco

mais importante. Eu sempre marco esse momento quando se trata desse assunto: se você levar em conta o lugar onde a gente estava quando começou, ou seja, tudo o que a gente queria fazer como banda desde aquela primeira vez em que Thurston, Kim e eu nos sentamos naquela galeria e começamos a bolar umas músicas, quando finalmente chegamos a *Daydream Nation* a gente tinha alcançado todos esses objetivos — sabe, ter reconhecimento nacional e internacional, gravar um disco que fosse número um nas listas do mundo musical em que a gente circulava, alcançar a admiração de um certo grupo de músicos, o que pra nós naquela época significava todo mundo que tivesse a ver com a SST. Todo aquele mundo era algo que estava *lá em cima* pra nós num dado momento, e quando *Daydream* aconteceu tivemos a impressão de ter ultrapassado esse mundo. Foi mesmo como se tudo o que planejamos de início, todos os nossos sonhos tivessem se realizado, de certa forma.

Sister tinha muito disso, mas foi a confiança que adquirimos com *Bad Moon Rising*, *EVOL* e *Sister* que permitiu que a gente alcançasse algo dessa magnitude com *Daydream Nation*: escrever todas aquelas músicas, fazer um disco que se expande em dois discos, sabe, fazer a coisa toda, da música à embalagem, essa coisa imensa. De certa forma, vejo *Daydream* como a completude da primeira fase da nossa existência. Depois disso, tudo mudou. Não gravamos nenhum outro disco indie desde então. Nunca pensei nisso antes, mas com *Goo* foi como se a gente estivesse recomeçando do zero, em muitos aspectos. Voltamos à escrita de música de maneira condensada. Em *EVOL*, *Sister* e *Daydream* a gente encarava cada vez mais pra ver até onde a gente podia forçar a barra no que dizia respeito a todas aquelas estruturas musicais diferentes. Com alguns desses discos, a gente ficava desenvolvendo estruturas musicais no estúdio e depois espalhava fichas de estudo no chão: lá-dó-si-ré. Em *Goo* a gente simplificou tudo isso. *Daydream Nation* foi mesmo uma espécie de ponto de ruptura. As coisas mudaram em muitos aspectos depois disso.

Há circunstâncias excepcionais que pedem ações excepcionais. A corrida em direção à *coisa grande e louca* foi certamente um trecho excepcional na cronologia do Sonic Youth. Depois de meses de trabalho constante e quase obsessivo com a enchente de novas ideias e formas musicais que virariam *Daydream Nation*, antes de entrar no estúdio a banda decidiu tornar o material público e deixá-lo seguir seu caminho. Steve explica:

> Uma coisa interessante que aconteceu antes de *Daydream Nation* e que não tinha acontecido antes de nenhum outro disco — ou não tanto com os outros discos — foi que durante alguns fins de semana a gente saiu tocando o material, antes de gravar com Nick Sansano. Teve um fim de semana em que tocamos duas noites no CBGB's e só tocamos coisas do *Daydream*. Foi bem difícil, mas só fizemos isso. E aí, no fim de semana seguinte nós fomos pra Boston e fizemos um show secreto com o nome de "The Steve Shelley Experience" no TT the Bear's Place e, mais uma vez, só tocamos músicas do *Daydream*. No fim de semana seguinte voltamos para o CB's e fizemos mais duas noites de *Daydream*. E foi isso que fizemos no mês que antecedeu a gravação, em vez de fazer demos. Acho que isso ajudou muito *Daydream Nation* a virar o que virou. Acho que é por isso que as músicas são mais compridas nesse disco, a gente estava mesmo esticando as intros e extros e as transições.

No início da carreira do Sonic Youth, jornalistas e críticos que não os tinham conhecido achavam com frequência, erroneamente, que a banda era composta de um bando de babacas sérios, intimidantes, desanimados, usuários de drogas intravenosas e elitistas. E para ser sincero, quando vistos sob uma luz superficial, sua música, o design dos discos e a imagem pública deles sugere um histórico cheio de suicídios, overdoses, jornalistas humilhados, brigas internas violentas, vícios, diversas fatalidades causadas por pessoas bêbadas ao volante e uma ou duas visitas a uma clínica de reabilitação. Contudo, muito pelo contrário, eles conseguiram escapar ilesos do miasma de agulhas e álcool no qual muitos de seus contemporâneos mergulharam durante o apogeu do cenário nova-iorquino do Lower East Side, particularmente marcado pela dependência química. E o suposto elitismo do grupo é também uma ficção confusa, provavelmente gerada pela notável falta de interesse da banda em replicar as ortodoxias pré-embaladas e infelizes do rock. Lee atribui o fato de o Sonic Youth evitar as realidades feias e banais das bandas de rock, como abuso de drogas, esnobismo e autodestruição niilista, à seriedade com a qual a banda assumiu o compromisso de explorar as extremidades da vida e da arte pela música:

> Desde *Bad Moon Rising*, quando tocávamos "Death Valley '69" — que é vagamente inspirada no episódio Charles Manson —, a gente dava de cara com jornalistas que sempre achavam que seríamos um bando de drogados da pesada ou de alguma forma completamente perturbados. Ficavam muito surpresos ao descobrir que éramos pessoas razoavelmente lúcidas e com a cabeça no lugar. Era esse tipo de contraste que existia, mais uma vez, entre nós e todas aquelas bandas que a gente fre-

quentava — Nick Cave e o Birthday Party/Bad Seeds, e até mesmo o Nirvana. A selvageria deles ficava encapsulada, na sua maior parte, fora do palco. Eles viviam vidas muito insanas, ficavam doidões com substâncias químicas ou sei lá o quê, mas em muitos aspectos a música deles era um tanto tradicional. Enquanto conosco era quase o contrário, éramos pessoas bastante lúcidas e sãs na nossa vida cotidiana (quer dizer, depois disso nós construímos famílias, tivemos filhos e tudo o mais). Era na música que a gente colocava todo esse caos e anarquia e experimentação. A gente achava que esse era um jeito melhor de lidar com a coisa, fazer com que a música fosse o âmbito no qual tudo é selvagem e experimental e toma um milhão de direções diferentes, enquanto nossa vida pessoal ficava em ordem.

Pergunto em voz alta para Lee se isso era algo que a banda discutia aberta e conscientemente entre si; se eles mesmos censuravam uns aos outros de forma ativa e clara com o objetivo de manterem sua vida pessoal em ordem para o bem dos experimentos que buscavam no rock'n'roll. Ele responde:

> Acho que não era necessário pra nós falar sobre esse tipo de coisa. Nenhum de nós tinha a personalidade compulsiva que teria permitido que a gente entrasse muito nessas coisas. Todos nós brincamos um pouco com isso ou aquilo, mas era tudo muito leve comparado ao que estava rolando em torno da gente. Tínhamos outras coisas com que nos preocupar. A gente tinha chegado a Nova York com planos de lidar com literatura ou artes visuais. Tínhamos uma espécie de foco em torno de nós com relação ao que queríamos fazer das nossas vidas. Acho que nossa abordagem de toda a coisa musical passou muito por esse filtro. Estávamos fazendo música, mas

não com o desespero de um adolescente que acabou de sair da escola e que passou os últimos anos ensaiando um tributo de punk rock para o primeiro disco dos Stooges na garagem. Estávamos supermotivados por todas essas coisas, mas a gente também as filtrava por esses vários aspectos que permitiriam que a gente as fizesse crescer e as desenvolvesse de outras formas.

Apesar de todos os avanços criativos e de filosofia do rock efetuados pelo indie rock americano underground dos anos 1980, tratava-se de um universo sobrecarregado — assim como seu equivalente musical mais comercial — por um excesso de *piru*. Com raras exceções, as bandas que revolucionavam cidades e vilas americanas nesse período eram formadas por jovens homens caucasianos, muitos dos quais davam a impressão de nunca terem visto ou falado com uma mulher na vida. E então apareceu o Sonic Youth, com Kim no primeiro plano e no centro, distribuindo alternadamente seus fortes grunhidos femininos e aqueles suspiros graves de olhos semicerrados por trás de um turbilhão de barulhos de guitarra. A feminilidade que transparece na música do Sonic Youth não é gritante nem política, ou tampouco, graças a Deus, de um feminismo acadêmico. E também não deriva apenas da presença de Kim na banda. Junto com tudo que é estimulado, cutucado e questionado no som do Sonic Youth, há um debate sobe a sexualidade também, tanto em termos de gênero quanto em termos de... bom, sexo. A presença de Kim cumpre um papel fundamental no estabelecimento de certas linhas de investigação sobre a natureza da sexualidade e dos gêneros, sobretudo no que diz respeito à forma como essas questões são representadas no mundo do rock. Kim explica:

Eu comecei a tocar porque estava escrevendo artigos pseudo-críticos sobre arte e música, baseados no vínculo entre homens e na passivo-agressividade dos artistas masculinos nos anos 1980. Achei que se estivesse tocando numa banda, eu poderia ser mais que uma voyeuse nesse universo. Eu só fui pensar sobre o fato de ser uma mulher numa banda quando começamos a ir para a Inglaterra e as pessoas perguntaram: "Como é ser mulher numa banda?"

Kim escreveu uma matéria para o *Village Voice* intitulada "Boys Are Smelly" [Meninos são fedorentos], no ano de 1988, que saiu poucas semanas depois do lançamento de *Daydream Nation*. Trata-se de um diário de mentira (e hilário a ponto de fazer você espirrar líquidos pelo nariz) de uma turnê, com um trecho que, embora repleto de insinuações sarcásticas manchadas de ironia, esclarece a abordagem de Kim com relação à questão do feminino numa cultura rock repleta de homens:

> Antes de pegar num baixo, eu era apenas mais uma garota com uma fantasia. Qual devia ser a sensação de estar bem no auge da energia, entre dois caras cruzando suas guitarras, dois *thunderfox* nos espasmos do amor-próprio e da intimidade masculina? Quão doentio, mas qual desejo poderia ser mais banal? Quantas vovós por aí já quiseram esfregar a cara na virilha de Elvis, e quantos meninos já quiseram apanhar da guitarra de Steve Albini?

No meio do palco, onde me posiciono como baixista do Sonic Youth, a música chega a mim por todos os lados. O estado mais elevado de ser mulher é assistir às pessoas assistirem você. Manipular esse estado sem romper o feitiço da performance é o que torna alguém como Madonna uma pessoa brilhante. As simples estruturas do pop mantêm a sua imagem, permitindo com que ela própria permaneça um mistério — será que ela é realmente sexy? A dissonância audível e a melodia turva criam sua própria ambiguidade — será que somos mesmo tão violentos? — num contexto que me permite ser anônima. Para mim, ser obcecada com meninos tocando guitarras, ser o mais banal possível e ser uma baixista menina é ideal, porque o turbilhão da música do Sonic Youth me faz esquecer que sou menina. Gosto de estar numa posição de fraqueza e torná-la forte.

A reconfiguração particular de Kim do papel da feminilidade num contexto indie/avant-rock é uma das contribuições mais fundamentais do Sonic Youth para a paisagem do rock. É claro que o fato de haver uma presença feminina no primeiro plano no punk, no *new wave* e no *art rock* não era inédito naquela época: um progresso contínuo e animador foi feito ao longo dos anos 1970 e início dos 1980 por mulheres que trabalhavam nesse meio, como as Slits, Raincoats, Liliput, Teenage Jesus, Jerks, Blondie e Patti Smith. A presença central e dianteira de Kim no Sonic Youth prolonga essa linhagem, enquanto, ao mesmo tempo, ela própria consegue forjar um nicho único no que diz respeito à representação da feminilidade dentro das subdivisões predominantemente masculinas da cultura marginal do rock.

Lado dois

Faixa quatro: "'Cross the Breeze"

"'Cross the Breeze", a faixa musicalmente mais complexa e estruturada de *Daydream Nation*, é um quebra-cabeça *avant-rock* cuja letra possui o conteúdo mais pungente do disco. Contidas na sua narrativa há imagens de confusão sexual emética, sadomasoquismo e comunhão carnal com, bem, com o diabo. Sim, o próprio Satã interpreta um dos papéis principais em "'Cross the Breeze"; mas não à maneira típica das referências a Satã nas músicas de rock. Não, Kim tem outros planos para o Ser Malvado. Nós falaremos desses planos quando chegar o momento.

    Lembra das fichas de estudo que Lee e Steve mencionaram? É em "'Cross the Breeze" que elas mostram seu verdadeiro valor. A música é construída em torno de uma sequência meticulosamente montada de trechos instrumentais que se unem e se separam com uma coesão matemática. Ela começa com uma introdução graciosa e melódica que contradiz os interesses menos confortáveis da letra. Há um contentamento promissor e relaxado nesses primeiros acordes. Mas muito depressa, a aquiescência agradável e quase feliz desses primeiros instantes é fatiada em pequenos pedacinhos quando um raio violento e cortante de guitarra irrompe ali no meio e faz chover uma urina fumegante que cai na deliciosa réstia de sol daquela melodia de abertura. Daí em diante, a música segue em frente em uma série de subseções adjacentes, desiguais e pulsantes, que avançam de um ânimo, andamento e textura para o seguinte, cada trecho se revelando como mais uma peça em um dramático enigma musical. No entanto, essas peças não foram reunidas ao acaso. Há lógica na sua ordenação: apesar de toda a sua complexidade, "'Cross the Breeze" é uma das faixas mais higiênicas de *Daydream Nation*. Cada seção é concretizada de maneira limpa e clara, e eficientemente autônoma, ao mesmo tempo em que contribui, cada uma à sua maneira, para a energia primordial da música. Quando os vocais finalmente surgem, eles parecem pegar de onde largaram o fio de uma trama estabelecida anteriormente, como se o trecho instrumental dos primeiros dois minutos e meio já tivesse contado metade da história. A letra vem esclarecer aquilo que já foi articulado musicalmente, como uma sequência muito boa.

Agora: qual é o tema de "'Cross the Breeze"? Fiz essa pergunta diretamente a Kim, da maneira prolixa típica do crítico de música. Quando apresentei essa pergunta para ela, fiz questão de usar uma referência ao The Clash (NB: em minha defesa, Kim de fato repete o verso "Should I stay or go?" quatro vezes nessa música. É só colocar um "should I" entre "or" e "go" que você pegou a febre das referências ao The Clash!). Também fiz questão de usar palavras como "ameaçador", "imaginário" e "evoca", exatamente como se espera de mim. Ela respondeu à minha indagação sobre o teor e o significado de "'Cross the Breeze" com quatro palavras: "Flerte com o diabo?"

Esse ponto de interrogação pendente deixa uma ligeira fresta aberta na porta da interpretação, mas olhando para a letra de "'Cross the Breeze" à luz dessa leitura potencial, a revelação depravada toma conta de mim: é possível que essa música seja, como Kim sugeriu, sobre uma moça que está presa numa incerteza aguda sobre se deve ou não fazer sacanagens com o Inimigo do Senhor Cristão, o Rei do Mal, Belzebu. A mulher da música está provocando o Príncipe da Escuridão! Repare, na amostra de versos a seguir, nas hesitações constantes da narradora; ao mesmo tempo recatada e sedutora, atraída e repelida, ela deve ficar ou ir? Sua ansiedade e sua confusão crescem de maneira tão intensa que ela quase coloca o almoço para fora:

> Let's go walking on the water
> Come all the way please
> I wanna know
> Should I stay or go?
> No need to be scared
> Lets jump into the day
> I wanna know
> I think I oughta go
>
> Close your eyes and make believe
> You can do whatever you please
> I wanna know
> I think I better go (…)
>
> Just too quick
> Now I think I'm gonna be sick
> I wanna know
> Should I stay or go?

O medo causador da hesitação da narradora se torna palpável com sua declaração pouco convincente de que "não precisa ter medo" e seu luminoso e excessivamente entusiástico

"Vamos mergulhar no dia!". Imagine só: você está andando sobre a água com Satã e grita "Vamos mergulhar no dia!". Esse falso entusiasmo é por demais aparente e só faz revelar ainda mais a divergência da mulher, que, por sua vez, reforça sua indecisão.

A letra contém diversas referências cristãs/bíblicas que corroboram com o aspecto "flerte com o diabo?"/religioso/místico/sexual da música:

"Vamos andar sobre a água" [*Let's go walking on the water*] (Mateus 14:22-36).

"Queimando através da brisa" [*Burning 'cross the breeze*], uma fusão da imagem de uma cruz em fogo com uma sugestão de transgredir "a brisa", na qual "a brisa" pode ser vista como o espírito de Deus. Aquilo que se move através da água? Ei, por que não?

"Agora você acha que eu sou a filha do Satã" [*Now you think I'm Satan's daughter*]. Esse verso é ao mesmo tempo perturbador e entusiasmante. Ou Kim aumentou o fator tabu de "'Cross the Breeze", elevando-a de "música sobre sentimentos conflitantes causados por uma possível união ímpia com a Besta" a "música sobre sentimentos conflitantes causados por uma possível união ímpia *incestuosa* com a Besta," ou — e essa leitura é a explicação mais razoável — a voz narrativa mudou, e estamos ouvindo uma fala de um ponto de vista externo com relação ao âmbito da conversa metafórica com Satã. Veja a seguir para mais informações sobre isso.

É claro que devemos ter o cuidado, como sempre, de não interpretar a letra de maneira muito literal. O diabo aqui talvez funcione de forma metafórica, como uma representação de certas tensões e problemáticas que a narradora (Kim) vê como sendo inerentes à natureza das relações sexuais humanas de modo geral. Satã pode ser também, nesse contexto, um substituto figurado para tendências sexuais masculinas mais repulsivas: por exemplo, a tendência desproporcionalmente masculina a molestar, mutilar, estuprar ou de alguma outra forma agredir sexualmente as mulheres. Nesse caso, a confusão da nossa narradora (com seus incessantes "Eu quero saber! / Devo ficar ou ir?") pode ser fruto de uma atração mal-resolvida e pouco saudável por homens abusivos.

A questão permanece: a narradora fez ou não fez? Ela "atravessou a brisa"? Embora haja certa ambiguidade nesse ponto, há um número talvez suficiente de indícios sugerindo que a relação foi de fato consumada. Um dos versos mais viscerais e explícitos da música vem perto do fim, quando a narradora implora a seu companheiro (Lúcifer?): "me abrace com força, eu de joelhos / para que eu não saia queimando através da brisa" [*hold me tight down on my knees / so I don't go burning 'cross the breeze*]. Se for de algum modo apropriado interpretar a "brisa" como representação de uma espécie de presença espiritual benigna, como força informe e inconstante que oferece consolo e alívio (como fazem as brisas reais, suponho), então acho que a narradora talvez esteja em apuros quando profere os últimos versos da música. No final, a voz repete o verso "queimando através da brisa" três vezes e se cala. Poderíamos ouvir esses versos como proclamações declarativas, simultâneas. Como se ela estivesse anunciando o que está lhe acontecendo naquele momento, dentro da narrativa. Como se, nesse momento da história, ela decidisse ficar, não ir, e estivesse agora, nesse instante, *queimando*. Como se estivesse pegando *fogo*. Como se estivesse *fodendo com o diabo*.

Faixa cinco: "Eric's Trip"

A música começa com um espirro; um som elétrico de sucção e um "*atchim!*" sussurrado, e no fundo um estremecimento de guitarra. Depois, mais um murmúrio fantasmagórico — "I hate the past" [eu odeio o passado] —, e quando a trepidação mortal de cascavel do tamborim entra, a sua espinha está lançando fagulhas para fora das suas costas e você está vasculhando seu armário à procura de um número de telefone, *qualquer* número de telefone, porque você precisa ligar para alguém, *qualquer um*, e explicar para essa pessoa quão fenomenal é essa música. Mas você espera, porque Lee ainda tem duas faixas pela frente, e a julgar por "Eric's Trip", você provavelmente vai ter muito mais coisas a dizer. E para quem você ligaria a essa hora, de qualquer maneira?

De dentro do retinir efervescente dos primeiros momentos de "Eric's Trip" surge um murmúrio turvo, uma difusão de névoa vocal que entra flutuando, vinda dos cantos sombrios da imagem estéreo, estabelecendo a questão principal antes mesmo que a história tenha começado. Você procura acionar seu ouvido para ouvi-lo: "atchim!... I hate the past", diz Lee. Escrever esse verso me faz sentir um pouco culpado. A julgar pela forma discreta como Lee pronuncia isso, parece que um verso como esse, dos mais diretos e sem ambiguidade que você deve encontrar em *Daydream Nation*, não era destinado a um debate público. É como se o impulso de incluí-lo tivesse sido condicional: "Está bem, mas só se for murmurado e ofuscado por barulhos trêmulos no primeiro plano e muito difícil de ouvir." E, visto que Lee diz "eu odeio o passado" [I hate the past], a questão se torna: o que é tão detestável a respeito do passado? E então você se lembra: "Ah. Certo. *O passado*. Cacete."

"Eric's Trip" é a primeira de três faixas com letra/vocal de Lee em *Daydream Nation*, o cociente Lee mais alto dentre todos os discos do Sonic Youth. Essa abundância de material se deve sem dúvida, em parte, ao fato de que *Daydream* é um disco duplo. Mas há também vastas evidências que sugerem que Lee estava no meio de um acesso de criatividade pessoal sem precedentes durante esse período. Com uma dieta variada de influências pesadas sustentando-o, sua energia de escrita musical começa a crescer, avançando em direção à estratosfera superior em termos de alcance, profundidade e impacto. A letra de "Eric's Trip" (de maneira semelhante à de "Hey Joni" e "Rain King") incorpora uma variedade de influências (de Warhol a Dylan, Patti Smith e Television) e de imagens (canivetes, olhos de vidro e estradas de ferro, por exemplo), cada uma das quais se unindo e distanciando das outras no que acaba se tornando um perigoso equilibrismo de incrível perspicácia narrativa e poética.

A principal característica das músicas do Sonic Youth é a seguinte: dentro da sua estrutura, *tudo* é possível. Todo e qualquer som é admissível. Toda textura discordante tem seu lugar. Todas as palavras de todas as letras têm diversas portas de acesso que dão para o seu significado. Todos os enredos têm cinco ou seis finais possíveis, igualmente legítimos. Todas as imagens são multifacetadas. Todas as perspectivas são plurais. Cada frase é um enigma sem solução concreta. Você pode olhar para essas músicas através de telescópios, microscópios, ou caleidoscópios, cada modo oferece seu próprio produto frutífero. É por essa razão que tantas músicas do Sonic Youth têm uma espécie de atemporalidade. A linguagem (tanto na letra quanto na música) opera num princípio de fluidez. Sem dúvida: há sentidos a discernir nessas músicas, reconhecimentos a dividir, epifanias a transmitir. O que é empolgante, o que torna o Sonic Youth tão fascinante, é que esses sentidos, reconhecimentos e epifanias acontecem em formas variadas, dependendo do seu contexto ou temperamento. Essas músicas são escritas de um jeito que permite uma colheita da vida inteira; um verso de "Eric's Trip" entra com um baque no seu cérebro enquanto você dirige um caminhão acabado pelo Arkansas em 1989. Esse mesmo verso provoca uma reação diferente, mas igualmente aguda, quando você o escuta vazar das paredes do seu vizinho alcoólatra em Budapeste, no inverno de 1994.

Lee relata:

> Peguei a primeira estrofe de 'Eric's Trip' daquele filme do Warhol, *Chelsea Girls*; é uma coisa que Eric Emerson diz no filme. Foi fácil basear a música toda nesse personagem, uma espécie de hippie maconheiro que estava perdido no mundo moderno, de certa forma. As outras estrofes divergem para outras coisas, mas eu meio que coloquei tudo sob a sombra dessa primeira. Foi uma época em que eu estava brincando com diferentes imagens, em prol do imaginário mesmo. Acho que eu estava encantado com muitas coisas diferentes, como Arto Lindsay, que estava cortando e fraturando coisas. E eu estava superinteressado no que Patti Smith fazia com as letras, palavras e com a poesia, e estava mergulhando nos livros de poemas dela, em Television e em Dylan.

O personagem de Emerson representa um tema recorrente no material do Sonic Youth: uma preocupação com a ruína do ideal hippie, ou, mais especificamente, uma preocupação em *assistir* à ruína do ideal hippie. Nós a vemos agir em *EVOL*, — título que inverte o mantra hippie e contracultural "love" — assim como em "Expressway to Yr Skull", com sua invectiva assassina ("We're gonna kill / the California girls" [Nós vamos matar / as meninas da Califórnia]), e na eletrocutante "Death Valley '69", com seu fascínio pela absoluta apoteose do hippie-que-deu-errado: os assassinatos de Charles Manson. O personagem de Emerson prolonga esse interesse pelo idealismo desobediente e caduco do movimento hippie. Um solipsismo grotesco atravessa as falas de Eric Emerson em *Chelsea Girls*:

> I can't see anything at all, all I see is me
> That's clear enough
> And that's what's important, to see me
>
> My eyes can focus
> My brain is talking
> Looks pretty good to me
> My head's on straight, my girlfriend's beautiful
> Looks pretty good to me

Esse egocentrismo pós-hippie lunático e malfadado cobre, como um palimpsesto, as outras dimensões narrativas da música. Sonoramente, a intensidade alcança um nível absurdo: Steve parece furar a bateria com uma britadeira e continua a furar até chegar à terra embaixo dela; Kim esmurra seu baixo em busca de obediência, enquanto — ai, minha santa piedade! — Lee e Thurston extraem sons das suas guitarras que têm mais a ver com imensas falhas de motor, subversões governamentais e sexo entre lobos que com as típicas harmonias de seis cordas. A letra da música consiste em uma série caleidoscópica (termo utilizado com muita frequência pelos críticos de rock, mas muito propício aqui) de imagens entrelaçadas que se unem para formar um conjunto de impressões fraturadas e mutuamente reflexivas. A partir dos devaneios egocêntricos e drogados de Eric Emerson, a música muda de ângulo, como um corte abrupto em um filme (tomando como ponto de partida as falas do filme de Warhol, "Eric's Trip" continua a desenvolver suas inclinações cinematográficas em seguida, durante toda a música), e o verso seguinte parece descrever uma cena entre um casal que tenta se reconectar:

> Sometimes I speak
> Tonight there's nothing to say
> Sometimes we freak
> And laugh all day

O que muitas das narrativas fragmentadas de "Eric's Trip" têm em comum é uma preocupação com a dor universal e reverberante que perdura em nossas memórias das relações passadas. Ouvimos nas falas de abertura de Eric Emerson um esforço desesperado para eliminar a conexão humana genuína, quando ele reduz sua vida a um conjunto mínimo de necessidades estritamente pessoais e administráveis. Ele não quer nada além do que a sua realidade imediata e autônoma pode fornecer: um par de olhos que funcionem, um cérebro que fale, uma cabeça no lugar certo e seu ego. Ele é um homúnculo perfeitamente contido. Sua "namorada" é um adendo decorativo que satisfaz o superficial e mínimo requisito cosmético de possuir beleza. Eric se tornou um ninguém e, portanto, não precisa de ninguém. A segunda estrofe se refere à incapacidade da linguagem de fornecer um sustento adequado. Enquanto o narrador sofre um colapso de suas habilidades comunicativas ("hoje à noite não há nada a dizer"), são apresentadas alternativas à fala ("pirar" e "rir o dia inteiro") com um lampejo de esperança pelo contato restaurado. O tom da música reflete a ânsia por experiências partilhadas, à medida que as guitarras se esticam e brigam, e machucam suas costas à procura uma da outra, reforçadas pela fúria estrondosa dessa seção rítmica.

A música desacelera e um terceiro arranjo rítmico toma forma, pontuado pelo tamborim pantanoso e clássico — *shikka-shikka*. Em uma música tão impregnada de texturas de rock modernas e ousadas, a entrada desse tamborim, rebolando a bunda na frente da seção rítmica de Steve e Kim, injetando uma atmosfera de vodu à mistura, cria um anacronismo extremamente erótico. Preciso dizer aqui, sem cerimônia, que eu *amo* esse tamborim. Com a ajuda dele, o imaginário da música passa para uma dimensão totalmente diferente no verso seguinte:

Hold these pages up to the light
See the jackknife inside of the dream
A railroad runs through the record stores at night
Coming in for the deep freeze

De repente, o imaginário está repleto de simbolismos e metáforas. Páginas, discos, sonhos e luz: são todos objetos textuais usados para facilitar a comunicação, a conexão, o contato. Às vezes, esse tipo de contato fica dolorosamente fora de alcance:

Mary: A simple word, are you there in the cold country?
Your eyes so full, your head so tight
Can't you hear me?
Remember our talk
That day on the phone?
I said I was the door, and you were the station
With shattered glass and miles between us
We still flew away in the conversation

Musicalmente, a canção deu uma guinada para trás (podemos quase sentir o cheiro de borracha queimada), de volta ao primeiro arranjo rítmico e tonal. O "Maaaaary" gutural do primeiro verso varre a superfície da música como uma brisa fantasma, relembrando o "eu odeio o passado" do início. Essa figura, Mary, quem é ela? Será que seu nome é um homônimo? Será que o murmúrio é, na verdade, a forma matrimonial, "marry" [casar]? Ou será que essa Mary é apenas uma aparição na mente do narrador, alguém que ele inventou e perdeu, uma memória distante, uma placa de sinalização ultrapassada quilômetros atrás? Outros elementos do universo da comunicação entram em cena, à medida que *ouvir*, *falar*, *palavras*, *telefone* e *conversa* se tornam os temas centrais da estrofe. O narrador pede "uma simples palavra" da sua companheira desaparecida, tentando atraí-la de volta para um diálogo, ao lembrar como suas conversas a distância costumavam exaltá-los apesar das fissuras ("estilhaços de vidro": a agudeza dessa imagem brinca com os atritos e rupturas da música) do seu relacionamento. A proclamação do narrador — "eu era a porta e você a estação"— traz de volta o linguajar onírico da estrofe anterior, já que a "estação" lembra a imagem da estrada de ferro e a "porta" evoca a noção de *preceptividade* e *acesso*, elementos essenciais para uma comunicação humana eficaz.

E voltamos ao segundo arranjo, com suas investidas e seus mergulhos mais amplos. Esses gestos musicais mais expansivos (acordes que se deixam ressoar, um ritmo menos linear, mais arredondado) são um contexto apropriado para as proclamações vocais abrangentes da letra: Meu copo está cheio ["My cup is full"] (como os olhos de Mary?) / E eu me sinto bem ["And I feel okay"] (como Eric Emerson?) / O mundo é chato ["The world is dull"] (porque você está sozinho?) / Mas hoje, não ["But not today"]. (Humm. Por que hoje não? Bem, provavelmente porque há canivetes voando por aí, trens de ferro entrando em lojas de disco. e vidro estilhaçado por todo lado...)

Voltemos agora para a seção com o tamborim-cascavel, na qual a linguagem fracassada de um misticismo iludido se apodera da musa do nosso narrador (Mary), e este se pergunta se ela é capaz de autorreflexão genuína:

> She thinks she's a goddess
> She says she talks to spirits
> I wonder if she can talk to herself?
> If she can bear to hear it

O ceticismo frustrado desses versos é pontuado por uma série extensa de pancadas poderosas e empolgadas — um total de 33, para ser exato — que levam a música de volta, a marteladas, para sua base musical e narrativa:

> This is Eric's trip
> We've all come to watch him slip
> He's slipping all the way to Texas
> Can you dig it?

O duplo sentido de "trip"— drogado e viajando — se junta a "slip" aqui, fazendo alusão a uma ideologia hippie em vias de desaparecimento, na qual Eric funciona como um símbolo de uma *Gestalt* contracultural devastada, cansada e ferida. Até seu jargão perdeu o encanto, com o "Can you dig it?" sarcástico de Lee, que fica como que boiando ali no fim da estrofe, um pedaço de detrito linguístico flácido tirado de um vernáculo gasto, largado para definhar à beira de alguma estrada de acesso vermelha e desidratada na periferia de Lubbock.

O trecho instrumental que ocorre durante esse momento transicional de "Eric's Trip" é semelhante aos quarenta segundos de abertura de "The Sprawl": ambos representam uma superdestilação do som, que torna o Sonic Youth o que ele é. Essa seção, que vai de 2'10" a 2'50", passa zumbindo e rodopiando como um cometa em tecnicólor, e oferece o benefício adicional de um lindo e ribombante intervalo com guitarra (durante o qual toda a atividade de percussão é momentaneamente interrompida) como descanso auditivo temporário.

Esse hiato parcial dá a impressão enganosa de ser uma coda; a música poderia muito bem estar terminando. Mas há questões narrativas não resolvidas que precisam ser ordenadas, e na marca de 2'50" "Eric's Trip" volta à vida com um salto, quando Lee ataca a estrofe seguinte com entusiasmo renovado:

(Eric says, "The sky is blue...")
I see with a glass eye
The pavement view
A shadow forming, across the fields rushing
Through me to you

O verso inaudível entre parênteses ("O céu está azul...") é citado em toda a documentação oficial das letras do Sonic Youth, e eu já ouvi "Eric's Trip" mais vezes que Deus, mas confesso para vocês, aqui e agora, que *não consigo escutar esse verso*. Lee jura que está lá, então aceitaremos seu depoimento juramentado e prosseguiremos como tal. O verso amplifica ainda mais o *reductio ad absurdum* do personagem de Eric: seu cérebro encolhido e chamuscado, como que dentro de um tanque com ácido, só é capaz de fazer as observações mais vazias. A linguagem, no mundo de Eric, não tem consequências, não tem energia, ao contrário das imagens que seguem. Estas dão continuação a itens recorrentes: a impossibilidade onírica de um olho de vidro (que nos leva de volta aos "estilhaços de vidro" da quinta estrofe) que consegue de fato enxergar, imagem que também retoma a noção de preceptividade e meios de acessar informações que podem não estar disponíveis de maneira evidente (como segurar páginas junto da luz). E então essa figura sombria se forma como um espectro, assombrosa e sinistra. Ela domina um "campo" de distância (mais uma vez, uma distância que pode ser ao mesmo tempo emocional e/ou geográfica) que separa o narrador de sua musa. Sombras representam uma ausência de luz, e esta, por sua vez, nos permite distinguir as coisas, encontrar significados escondidos e comunicá-los a outros. Essa sombra acelerada não pode ser benigna, argumento que se reflete na persistência dolorosa dos instrumentos, que atingem aí seu ponto de ebulição.

A estrofe seguinte introduz elementos temáticos que avivam a paisagem de *Daydream Nation* como um todo. A preocupação com a arquitetura claustrofóbica da cidade reaparece e nosso narrador tenta contorná-la por intermédio de narcóticos:

> We tore down the world, and put up four walls
> I breathe in the myth
> I'm over the city, fucking the future
> I'm high and inside your kiss

Mais uma forma de absorção textual entra em cena aqui, à medida que nosso narrador "respir(a) o mito". Esse "mito" parece mais uma história urbana contemporânea: duas pessoas perdidas na presença uma da outra, a ponto de excluírem ("destruímos") todo o mundo exterior e criarem sua fortaleza ("erguemos quatro paredes") com a sua relação. Essas paredes começam a se comprimir, no entanto, e ao nosso narrador só resta escalar, fugir, ultrapassar, se erguer acima da cidade, talvez por estímulo químico, onde ele se entrega a uma união carnal e bruta com o que é possível ("o futuro") e o que virou memória: seu beijo.

A penúltima estrofe dá início a um somatório dos diversos componentes narrativos que a música delineou até então. O tom e a cadência lembram os de Eric, como se a voz dele estivesse sendo entrelaçada às outras vozes representadas na música:

> We can't see clear
> But what we see is alright
> We make up what we can't hear
> And then we sing all night

Relembrando a estrutura de terceira estrofe, notamos que o narrador está falando novamente das dificuldades de comunicação e percepção ("não conseguimos enxergar direito", "inventamos o que não conseguimos ouvir"). Mas dessa vez há uma espécie de aceitação resignada de que a visão fica com frequência nublada e a comunicação falha. Quando a informação não está disponível, quando o texto é impenetrável, nós temos simplesmente de inventar o que precisamos ouvir. Chega de discussão. Vamos "rir o dia inteiro" e "cantar a noite inteira".

As imagens finais de "Eric's Trip" brilham com eficiência e colocam os elementos narrativos dominantes em foco total. A música termina com uma das estrofes mais apavorantes que você já deve ter ouvido:

Scattered pages and shattered lights
See the jackknife, see the dream
There's something moving over there to the right
Like nothing I've ever seen

O texto foi abandonado; ninguém vai segurar páginas junto da luz, já que todas elas foram apagadas. Somos deixados no escuro, dormindo (em um "sonho") e sozinhos com nosso canivete, que talvez se faça necessário porque há *algo* sem nome, sem rosto, sem forma "se movendo ali à direita…". Apavorante pra cacete.

Faixa seis: "Total Trash"

"Total Trash" funciona como contraponto à modernidade drástica e às narrativas quebradas de "Eric's Trip". A música chega galopando com um balanço de rock vintage que lembra a vagabundagem enfumaçada das bandas de motociclistas dos anos 1970 — ouço a obscenidade de Foghat, T. Rex e Steppenwolf passando através da faixa. Os três são influências apropriada e gloriosamente descartáveis para uma música chamada "Total Trash" [Lixo total]. As lambidas da sequência de abertura são uma espécie de refrão de guitarra desleixado, acolchoado e poderoso, mirado para o rosto mas que acaba em direção à sua bunda. Há uma melodia clássica de blues em algum lugar da música. Mas ela passa por aquele filtro do Sonic Youth, está reaparelhada para a nova era, pendurada no seu bigode, salpicada de ruídos e estática, destinada a uma completa desintegração.

Enquanto a qualidade tonal dos trechos estruturados de "Total Trash" tem pontos de referência algo familiares no rock, o conteúdo da letra é uma charada confusa e ambígua. Como estamos aprendendo, há diversas maneiras de olhar para uma música do Sonic Youth. É precisamente isso que permite que faixas como "Total Trash" se mantenham firmes ao longo de décadas, e o que faz com que a música do Sonic Youth resista tão bem ao tempo. Essa faixa é particularmente escorregadia quando se trata de selecionar uma linha de interpretação concreta. Ela tem pouquíssimos suportes narrativos e todos estão cobertos de óleo e crack.

Por falar em crack, Thurston menciona isso na música. Os versos parecem constituir mais um protesto autônomo da próspera indústria do crack nos anos 1980, do que um modelo de interpretação para a música como um todo, mas, bom, já é um começo:

> It's a guilty man
> That increased the crack
> It's total trash
> Sack 'em on the back
> With a heavy rock

São também discerníveis outras possíveis referências ao clima sociopolítico dos anos 1980. O primeiro verso de "Total Trash" fala de algo (o referencial aqui é um simples "it") que começa "no topo" [*at the top*] e "desce em espiral" [*spiralling down*]. Acredito que isso seja talvez uma referência ao modelo econômico dominante dos anos 1980 nos Estados Unidos: a baboseira catastrófica, o pesadelo da economia "trickle down" de Reagan, na qual a ideia era encher a camada financeira superior de capital (com cortes de impostos, incentivos etc.) e deixar com que os restos gotejassem sobre as camadas econômicas inferiores como respingos de mijo excedente. Podemos interpretar "Total Trash" como uma crítica irônica do classismo/racismo condescendente dos "Reaganômicos", na qual Ronald Reagan cumpre o papel de vilão "Magic Monkey" [Macaco mágico]. Um dos versos, "There he goes again" [Lá vai ele outra vez], até ecoa o slogan presunçoso que Reagan tornou célebre em seus debates com Jimmy Carter. Reagan infantiliza seus servos da ralé ("God I love the time / That he seems to spend / With all the kids in town" [Deus, eu adoro o tempo / Que ele parece passar / Com todos os jovens da cidade]) como peças descartáveis em um jogo de tabuleiro. A letra de Thurston talvez sugira uma invectiva consciente dessa porcaria de esquema Ponzi econômico e político com versos como: "It's never the same / It's more than a game / Can't take it away / Can't kill all the shame" [Nunca é igual / É mais que um jogo / Não dá para apagar / Não dá para matar a vergonha]. Essa vergonha nasce do caráter indigno da desumanidade paternalista de tais maquinações diabólicas de liderança. Mas há espaço para uma revolução de pequeno porte nesses versos também:

> Never mind it now
> We can bring it back
> It's total trash
> And it's a natural fact
> That I'm not no cow

Como se dissessem: "Nós não somos vacas sendo guiadas para o abatedouro! Esqueçam esses Reagans trágicos com seus planos trágicos — são lixo total!"

Ou.

Uma interpretação estruturalmente parecida, porém completamente diferente, seria ver a letra como uma diatribe belicosa contra a corrente principal do suposto rock alternativo. Sim, isso parece uma queixa banal para os ouvidos contemporâneos, mas, em retrospecto, a passagem do rock alternativo foi uma transição profundamente inquietante para aqueles de nós que assistiam seu inevitável desdobramento. Nessa leitura de "Total Trash", a descida em espiral acontece na medida em que os monólitos corporativos da indústria musical pop mainstream saqueiam o universo underground à procura de produtos comercializáveis. O reforço de Thurston, "Podemos trazê-lo de volta!", vira um grito de guerra para os marginais independentes e lunáticos, que já deveriam saber que a música "funciona melhor quando está perdida / Cavando sob o solo" [Works best when it's lost / Diggin' under ground]. Nessa interpretação, o "Amigo Macaco Mágico" se torna um representante de A&R trapaceiro e parasítico da Columbia Records ou um publicitário carniceiro da Warner Brothers que infiltra cenários de música marginal e sai por aí atraindo "todos os jovens da cidade" para o seu mundo de mediocridade homogeneizada. Então o sujeito de A&R substitui o que vendia crack na primeira leitura, enquanto o "crack" vira o buraco cavado no cenário musical underground/alternativo pelos gigantes da corrente principal. E que jeito melhor de defender a liberdade do rock independente que gastar uns bons quatro minutos rasgando buracos de estática no seu amplificador e derretendo as cordas da sua guitarra com um maçarico, como faz o Sonic Youth perto do fim de "Total Trash"?

Ou...

4. A vela gritante e a curiosa avó russa

"Minha irmã lunática está seminua, sua cabeça de abóbora está pegando fogo, e ela está transando com o vira-lata!" A cor de estradas, olhos de fantasmas, arrependimento, novembro. "Nós o guardamos aqui, no quarto do vórtice rodopiante." Carne misteriosa e pepinos.

O élan *Blitzkrieg* de *Daydream Nation* é abastecido em parte pela culminação de uma série de justaposições estéticas que o Sonic Youth vinha buscando desde que Lee, Kim e Thurston bolaram suas primeiras músicas numa galeria de arte em 1981. Apesar da coesão relativa do programa e do registro da banda através das décadas, Sonic Youth permaneceu uma criatura decididamente plural e multifacetada. Uma visão geral do material gravado disponível, começando com o EP *Sonic Youth*, de 1982, e seguindo até o lançamento de *Daydream Nation*, revela uma paleta consistentemente variada e ousada. Ela incorpora linhas de influência que ocupam todo o espectro, indo de barulho extremo, punk hardcore, free jazz e *musique concrète* até aquilo que ficaria eventualmente conhecido como rock universitário, ou (de maneira não muito mais sedutora), rock *alternativo*. No caminho, há vestígios detectáveis (ainda que profundamente alterados) de dub, dance, prog e pop. É importante levar em conta a presença de entusiasmos musicais drasticamente variados na produção do Sonic Youth. Trata-se de uma banda composta de indivíduos com habilidades auditivas extremamente *abertas* e bem-desenvolvidas. A abertura total dos interesses musicais respectivos de cada um se manifesta de maneiras diferentes: primeiro, obviamente, podemos ouvir elementos de todas essas diversas formas musicais reproduzidos em várias faixas do Sonic Youth. Segundo, podemos ouvir uma espécie de receptividade escancarada dobrada sobre si mesma, disparada através de uma expressividade imaginativa e emocional que se manifesta no próprio nome "Sonic Youth". Lee explica:

> Durante toda nossa carreira, e naquele período em particular, sempre fomos vorazes consumidores de música. E acho que às vezes fica um pouco ofuscado pelo que fazemos o quanto outros tipos de música, diferentes das nossas, nos influenciam, que seja música country, folk, gamelão balinês, ou seja lá o que for. Lembro que esse período veio logo antes de Thurston adquirir uma obsessão inacreditável por free jazz. Nessa época, tivemos a impressão de sermos músicos pela primeira vez, a gente estava fazendo carreira, de certa forma, e algum sucesso, e acho que isso estava nos fazendo olhar para o que aquilo significava e investigar todo aquele território musical diferente, apesar de estarmos enraizados no rock, no punk rock e no hardcore americano. Uma música como "Providence" é quase uma obra de *musique concrète*; é simplesmente uma criação barulhenta com uma gravação telefônica por cima. A gente estava se abrindo à liberdade de incluir coisas assim.

O interesse ativo da banda pela arte visual contemporânea amplia essa mistura aberta de ingredientes musicais. Ele chega à mente coletiva do Sonic Youth por intermédio de

Kim Gordon e Lee Ranaldo, já que ambos têm experiência e treinamento formais no mundo da arte. O Sonic Youth combina essas duas tendências — uma abertura coletiva à gama de possibilidades na música/no som e uma imersão simultânea nas correntes vanguardistas da cultura visual — na sua ascensão constantemente intensificada durante o início e o meio dos anos 1980.

O Sonic Youth vivia um impulso criativo havia sete anos quando chegou a hora de fazer *Daydream Nation*. Haviam lançado um EP surpreendentemente espaçoso e melodioso pela gravadora Neutral, de Glenn Branca, em 1981. Mas a energia plena só teve início com a ferocidade sombria de *Confusion is Sex* [Confusão é sexo], de 1983, cuja capa é um esboço tosco e austero do perfil de Thurston (feito por Kim) que reflete a carnalidade primitiva do disco (uma espécie de naturalismo perverso atravessa *Confusion is Sex*, com faixas como "Making the Nature Scene", "Inhuman", e um cover de "I Wanna Be Your Dog" que dá ao disco uma sensibilidade bestial, animalesca).

A banda ganha mais tração em 1985 com as declarações misteriosas e perturbadas e as tendências ligeiramente mais melodiosas de *Bad Moon Rising*. A capa aterrorizante desse disco, fotografada por James Welling, reflete a qualidade fantasmagórica da música. A imagem retrata um espantalho com uma abóbora no lugar da cabeça, apoiado contra um céu escuro e pouco promissor numa espécie de periferia paraurbana abandonada, enquanto a cabeça de abóbora pega fogo de dentro para fora.

O Sonic Youth ganha mais força em 1986 com o lançamento de *EVOL*, um empurrão angustiante e visceral na direção do estruturalismo melódico. A capa desse disco — uma fotografia de uma cena de *Submit to Me* [Submeta-se a mim], filme de Richard "Todos-os-meus-amigos-estão-dispostos-a--ficar-pelados-e-se-lambuzar-de-sangue" Kern — mostra uma Elizabeth "Lung Leg" Carr perturbada e maltrapilha em pleno ataque de violência desregulada. Ela está desgrenhada, intoxicada, agachada e pronta a saltar para um confronto direto com a câmera e, por extensão, *com você*, o espectador. O transtorno erótico e perturbador dessa imagem reproduz de forma direta os elementos temáticos centrais de *EVOL* (sendo eles: assassinato, insanidade, perversão). O impulso da banda se acelera nitidamente em 1987 com as extrapolações fortes e cristalinas de *Sister*.[20] A essa altura, os componentes estéticos variados do grupo e seus empreendimentos musicais estão começando a se fundir com uma eficiência eletrizante: barulho e dissonância estão agora temperados por coerência e elegância; as músicas mantêm sua forma atraente sem abandonar seu experimentalismo; harmonias atmosféricas embrulhadas

---

[20] O fio condutor da evolução musical do Sonic Youth, de *EVOL* a *Sister*, está esboçado na trilha sonora da banda (criminosamente negligenciada e estupidamente menosprezada) para o filme obscuro (e, segundo o consenso geral, ruim) *Made in USA* [Feito nos EUA], de 1986. Apesar dos problemas do filme, a música que o Sonic Youth produziu para a trilha sonora merece uma segunda análise. Compostas majoritariamente de uma série de miniaturas cinematográficas delicadas e exploratórias, as faixas dessa obra constituem verdadeiras microdestilações das sensibilidades musicais crescentes da banda durante esse período. E já que estamos falando nisso: se você tiver um carro e houver uma estrada aí perto, você faria bem em ir buscar uma cópia desse disco; espere o sol baixar no céu, entre nesse carro, dirija por essa estrada, coloque essa pérola deslumbrante e secreta no aparelho de som, pise no acelerador (prestando muita atenção na maneira como os faróis iluminam os troncos das árvores que passam e nos talos de grama pela estrada) e siga direto até o amanhecer, *baby*. Esse é um material vintage e top de linha do Sonic Youth.

em reverberação fornecem camadas de calor e profundidade. No que diz respeito à letra, o tema é, como sempre, fascinante: o desgosto e a desorientação da psicose iminente ("Schizophrenia"); o êxtase narcótico/romântico condenado ("Kotton Krown"); a transmutação do fervor religioso em fervor rock'n'roll ("Catholic Block" em oposição a "Stereo Sanctity"). A capa, com sua colagem de imagens compartimentadas que lembra um *storyboard* (Saturno, gado, criança nua, uma espécie de instrumento de medir, uma foto de Richard Avedon no canto esquerdo apagada por medo de um processo iminente), transmite com aptidão a coesão sonora e narrativa do disco. Se *Sister* representa o mais próximo que se pode chegar de uma perfeita integração entre arte e rock sem alcançá-la totalmente, então juro por Deus que *Daydream Nation* consegue chegar lá.

A primeira das (muitas) tensões estéticas carregadas de *Daydream Nation* se revela quando a imobilidade austera e linear da imagem na capa[21] se choca contra a plenitude explosiva da música contida ali. Repare na vela da capa: silenciosa, vulnerável e determinada, ela calmamente luta para iluminar aquele cômodo deserto, cujas paredes têm a cor de — *a cor do quê?* — estradas ou olhos de fantasmas, ou do arrependimento, ou do mês inteiro de novembro? A chama, talvez se-

---

[21] A capa e a contracapa de *Daydream Nation* (no lançamento em vinil) retratam pinturas a óleo do alemão contemporâneo e colosso da arte Gerhard Richter: duas obras da série de estudos sobre velas (*Kerze*, em alemão) feitas por Richter no início dos anos 1980. A pintura da capa foi feita em 1983. Curiosamente, a série *Kerze* marca uma virada formal para Richter, cuja obra anterior se interessava essencialmente por modos abstratos e expressionistas. Essa mudança no trabalho de Richter reflete a gravitação do próprio Sonic Youth em direção a formas musicais mais construídas no fim dos anos 1980, em discos como *EVOL*, *Sister* e *Daydream*.

denta de oxigênio, se move *beeeeem* de leve para a esquerda, chamando a nossa atenção para o vazio obscuro que paira ali. Essa escuridão fantasmagórica e flutuante parece contrariar a chama. Ela puxa e suga a vela apreensiva (e algo intrigada). Assim como a chama, nós não podemos nos impedir de ser atraídos por essa escuridão magnética. Temos a sensação de que algo está à espreita dentro dela; algo imenso, frenético, desregulado, oculto, com fome de luz; algo fascinante ou repulsivo, ou ambos. Não é difícil imaginar essa alcova escura como o lugar onde o Sonic Youth armazena seu vórtice privado de som, massa e energia, aquela espiral estática de desobediência tonal que pertence exclusivamente a eles.

E é claro que é lá que eles a mantêm, isso está praticamente dito bem ali no topo em letras maiúsculas! Esse texto, estendendo-se a partir do canto superior da borda esquerda, também fala de uma tensão carregada. Uma olhada rápida nas letras vê a fonte rígida e sem ambiguidade como um eco geométrico das linhas fortes na imagem da vela. Um olhar mais atento revela um efeito difuso em torno do perímetro de cada letra. A sugestão aí é a de uma dissolução iminente. Tipograficamente, as coisas talvez não sejam tão estruturalmente sólidas quanto parecem à primeira vista. As letras que se dissipam escorregam para fora do negror periférico como um letreiro semi-irônico e enganoso. O texto desse letreiro anuncia ao mesmo tempo a banda, o disco e a natureza provisória da tranquilidade frágil mas ainda assim estável da capa. Essa tranquilidade, embora seja revisitada à sua maneira ao longo do disco, é prontamente, amorosamente despedaçada em um confronto com o furacão que espera por ela lá dentro. Na sua maior parte, a tranquilidade foi jogada pela janela — *whoosh*.

A presença da pintura de Richter na capa de *Daydream Nation* foi uma decisão muito cuidadosa que teve significados pessoais importantes para o grupo. É como Kim diz:

> Eu gostava muito do trabalho de Richter, assim como Thurston, e tenho certeza de que Lee também gostava, então era uma espécie de terreno comum. Eu meio que conhecia Richter através da esposa dele na época, a artista Isa Genzken. Eu adorava a escala daquelas pinturas, tão íntima. Ela cabia na mesma escala que um LP, 30,5 × 30,5cm. Então as duas coisas transmitiam a mesma impressão. Para mim, foi quase como fazer um ready-made, e com toda aquela influência de Andy Warhol e do pop art, aquilo pareceu uma boa ideia. Eu também gostava do fato de que a imagem era muito silenciosa e distante de tudo que tivesse a ver com rock ou tudo que parecesse radical. Acho que a ideia era um pouco como a do cavalo de Troia. Não que a nossa música fosse tão radical, mas quem disse que o radicalismo tem que ter tal ou tal aparência e ser estilizado para parecer punk, só para ser punk? É só olhar para alguém com um moicano hoje em dia, a coisa virou quase conformista.

A imagem da capa é algo sorrateira. Olhando para a pintura do ponto de vista de alguns dos modelos artístico-teóricos daquela época, a representação ready-made da vela de Richter na capa, com seus ares de cavalo de Troia, pode ser vista, até certo ponto, como um gesto apropriativo. Mas, em outro sentido, a transmissão direta e não qualificada da informação da imagem para a capa reflete a claridade formal e a anti-ironia do realismo neoclássico da pintura de Richter. A utilização dessa imagem da vela me parece um golpe de gênio espontâneo, bem no estilo Sonic Youth. Eles são muito bons nesse tipo de coisa: utilizar gestos e imagens de maneira estratégica — na arte visual dos discos, nas letras, na instrumentalização, até nas suas personalidades tais como elas se apresentam ao público — para criar *locais* onde variações estéticas e múltiplas linhas de interpretação podem florescer. Como sugere Kim, a vela de Richter pode ser "lida" de maneiras divergentes. Lee concorda:

> Acho que a gente gostava da pintura de Richter em muitos níveis diferentes. A gente gostava, sim, do fato de uma pintura muito clássica e calma estar na capa de um disco que era muito diferente disso, em alguns aspectos. A gente já tinha usado Richter antes, uma paisagem ao pôr do sol dele num single de 18 centímetros de "Death Valley '69". Gostávamos muito das pinturas dele. É claro que éramos amantes do mundo da arte. Kim conhecia a mulher que estava saindo com Gerhard naquela época e tinha encontrado com ele várias vezes àquela altura. A gente gostava daquilo em diversos níveis. Acho que a gente gostava daquilo enquanto pintura clássica porque de alguma forma a gente se relacionava com isso. De alguma estranha maneira, apesar do meio em que estávamos, acho que nos víamos como separados dele. Nesse sentido, em vez de usar um desenho rabiscado e xerocado, ou alguma coisa assim, a ideia de usar uma imagem clássica para aquele tipo de música nos seduzia. Havia um significado naquilo. A ideia de uma vela iluminando um cômodo escuro, achamos que aquilo era uma boa metáfora para o lugar onde a gente estava.

Como Lee insinua acima, o Sonic Youth estava começando a pensar de maneira conjunta e séria sobre o seu desenvolvimento e potencial como banda capaz de alcançar um certo grau de longevidade e viabilidade mais ampla durante esse período. A confiança deles em suas habilidades e seu entusiasmo coletivo com a hiperabundância de ideias musicais que estavam gerando nessa época os obrigou a reconhecer, pela primeira vez na vida da banda, que eram não apenas capazes de avançar em direção a um perfil mais conspícuo no cenário do rock moderno, mas que eles já estavam operando, ao menos artisticamente, como uma banda de atrativo internacional.

A primeira turnê do Sonic Youth na Rússia aconteceu logo após o lançamento de *Daydream Nation*. A experiência singular da banda enquanto grupo indie americano viajando pela Rússia no fim dos anos 1980 foi reveladora. A Guerra Fria estava finalmente descongelando, mas a economia russa ainda era um trabalho em andamento. Como resultado disso, as condições de vida eram bastante duras nos tipos de cidades e vilas que recebiam um bando de roqueiros barulhentos. Lee recorda:

> Era interessante. Os shows foram meio mais ou menos, não havia espaços para apresentações que pudessem dar conta do que a gente ou qualquer banda ocidental estava fazendo naquela época. Acho que foi em Leningrado que tocamos em um ginásio que podia receber 2 ou 3 mil pessoas, mas o sistema de som era um negócio vagabundo que qualquer um podia ter no próprio apartamento. O ano era 1989 e poucas bandas passavam por ali. Então tinha pessoas na frente do público com um estilo bem punk — ou o que elas imaginavam que era punk — pedindo aos berros músicas do primeiro disco dos Sex Pistols! Porque a gente era uma coisa vinda do Ocidente, o que era uma raridade, havia uma variedade incrível de pessoas vindo assistir, como avós e famílias arrastando as crianças. Isso foi só seis meses

ou um ano antes de a Perestroika mudar tudo. Lembro que a gente estava na Lituânia, em Vilnius, não sei por que a gente estava lá, mas estávamos numa espécie de câmara interna de um acadêmico da universidade, e ele nos contou sobre um movimento underground na Lituânia em que o povo estava mesmo se preparando para a revolta. Ele não parava de dizer: "As coisas vão mudar em breve por aqui." Ele previu tudo mesmo, ou tinha um conhecimento impressionante do que ia acontecer. Foi incrível estar lá. A Rússia era tão desorganizada e caótica, e fodida. Todos os prédios eram velhos e estavam em ruínas. A impressão predominante que eu tenho é a de grandes cidades cinzentas onde nada funcionava direito e você andava por ali, pensando: "Caramba, esse é o país que a gente vem temendo nos últimos 25 anos?" Era difícil de imaginar, era literalmente como se *nada* estivesse funcionando. Não havia comida enquanto a gente esteve lá. Vivemos à base de pepinos por duas semanas. Estávamos no mês de abril, antes da época de cultivo. Minha esposa esteve lá, em turnê com outros músicos nova-iorquinos, só que em agosto, e disse que fizeram refeições maravilhosas, cheias de legumes frescos. Eles nos levavam a um bando de restaurantes chiques onde cabiam umas 2 mil pessoas, mas só havia a gente. Depois de 45 minutos, um russo apagava o cigarro e vinha anotar nosso pedido, então uma hora e meia depois você recebia seu prato de carne misteriosa e pepinos. Foi alucinante.

Lado três

Faixa sete: "Hey Joni"

Na primeira vez que fui aos estúdios Echo Canyon, do Sonic Youth, na Murray Street, em Nova York, um pouco nervoso por causa do encontro, notei que havia um pôster desgastado (vintage autêntico dos anos 1970) de Joni Mitchell decorando uma das paredes. Joni sustentou meu olhar durante alguns instantes arrastados, deixando a entender com seu olhar caloroso e consolador que tudo, *tudo* mesmo, ficaria bem. Quando saí desse transe, de repente me dei conta de que estava no hipocentro atual de uma das bandas de rock mais agressivamente modernas e inovadoras do mundo. Houve um breve momento de desconexão entre essas duas realidades: cantora folk icônica e elegante *versus* vanguardistas exploradores de eletricidade. E então caiu uma ficha que desde então percebi ser bem documentada na literatura existente do Sonic Youth, e perguntei a Lee:

"'Hey Joni' é uma homenagem à senhorita Mitchell?"

"Em parte", responde Lee. "Era meio que uma pegada irônica de 'Hey Joe', do Hendrix, mas eu estava certamente ouvindo muito Joni Mitchell naquela época."

Eu deixo Joni a duras penas e me viro para Lee. Minha cabeça está meio confusa.

"Vou buscar uma garrafa de água. Você quer uma?", ele pergunta.

"Aaah, sim. Água, por favor."

Enquanto Lee está lá fora, mantenho os olhos fixos em Joni, e ela mantém os olhos fixos em mim. Relembro meu histórico musical e penso em um verão específico, deve ter sido por volta de 1987, ou por aí, em que encontrei uma fita cassete de *The Hissing of Summer Lawns*, o disco de hibridação jazz/folk/rock de Joni, que constituiu um momento decisivo da sua carreira, em 1975 (com aquela incrível ilustração de capa, um grupo de membros de uma tribo carregando uma cobra imensa abaixo da silhueta dos prédios de Beverly Hills). Lembro de como me afeiçoei a esse disco estranhamente lindo durante aquele verão e como ele foi a trilha sonora das minhas noites tardias, e como não conseguia convencer meus amigos hardcore ou mainstream a se aproximar dele. Lembro claramente de alguns desses amigos me ridicularizando por ser tão apaixonado por aquele disco. Mas eu estava fascinado. Havia algo de transportante no som que ela alcançava naquele disco: misterioso, enfumaçado, cosmopolita, aberto, estranho. Ouvi aquele disco religiosamente, quase todas as noites daquele verão. "Queria ter começado a fumar naquela época", pensei, "que disco incrível para se ouvir fumando..."

Enfim, Lee volta com a água e eu saio do meu devaneio com Joni. É engraçado como as coisas se conectam. Simplesmente tem que haver alguma relação interna e rastreável entre aquele verão e o fato de eu estar sentado naquele estúdio com Lee e o pôster de Joni. Olho para Lee e então para Joni outra vez; de repente me invade a consciência de que estou em muito, muito boa companhia.

Há algo intrigante na relação entre passado, presente e futuro em *Daydream Nation*. Por alguma razão, elementos temporais não param de aparecer no radar temático: "*Time* to get it / It's *time* to go round" [Está na *hora* de alcançar / Está na *hora* de dar a volta] ("Teen Age Riot"). "You gotta have the *time*" [Você tem que ter *tempo*] ("Silver Rocket"). "I hate the *past* / Fucking the *future*" [Eu odeio o *passado* / Fodendo o *futuro*] ("Eric's Trip"). "God I love the *time*" [Deus, eu adoro o *tempo*] ("Total Trash"). Em um nível macro, essa questão aparece no reconhecimento por parte do Sonic Youth de influências rastreáveis de um ponto de vista histórico-cultural (Bob Dylan, Led Zeppelin, Joni Mitchell, Andy Warhol). Ela também está presente em sua defesa simultânea dos avanços (na época) culturais (William Gibson, SST Records, arte moderna, a vanguarda musical), e no modo como todas essas influências, que se reforçam mutuamente, participam do que estava prestes a se tornar um futuro radicalmente novo para o Sonic Youth enquanto banda. Em um nível mais micro, as músicas de *Daydream Nation* espelham essa preocupação com a natureza do tempo a ponto de torná-la uma quase obsessão. Essa preocupação é particularmente visível em "Eric's Trip". A música lida com a questão da interação entre o passado e o futuro em termos da erosão do idealismo contracultural no estilo dos anos 1960 diante do solipsismo da modernidade, onde o passado encontra sua pavorosa ruína ao dar de cara com o futuro. No entanto, esse tema é explorado ainda mais explicitamente em "Hey Joni", que constitui uma tentativa de realizar um cinema musical no próprio passado. A música é consumida por noções do passado e do futuro que se interpenetram: com seu catálogo de anos passados não consecutivos ("It's 1963, it's 1964, it's 1957, it's 1962"), com a repetição intercalada, como um mantra, do sentimento central da música ("Put it all behind you / Now it's all behind you" [Deixe tudo para trás / Agora está tudo lá atrás]) e sua focalização na rejeição da ideia de salvamento pela fixação no futuro em prol de uma aceitação da experiência presente ("Forget the future / These times are such a mess / Tune out the past / And just say yes" [Esqueça o futuro / Esses tempos são uma bagunça / Se desligue do passado / E simplesmente diga sim]).

A energia musical transbordante de Lee nesse período deve sua explosão a duas experiências cruciais: primeiro, o fato de ele ter ouvido a versão acústica de Dylan de "Visions of Johanna" durante uma turnê pela Europa e, segundo, o fato de Steve ter lhe dado uma cópia de uma coletânea de contos de Raymond Carver. Lee conta:

> Eu estava lendo muito Raymond Carver. Foi com certeza alguém que descobri naquela época e que me causou um impacto imenso, que influenciou minha escrita e meu pensamento sobre a escrita. Desde a metade dos anos 1980, quando começamos a viajar de van pelos Estados Unidos, eu estava escrevendo bastante, sobretudo quando a gente estava em turnê. Eu tinha um daqueles laptops superprimitivos da Radio Shack que as pessoas usavam na época — eles tinham uns 32k de memória e a gente tinha que gravar tudo em cassetes. Lembro-me de um monte de turnês nesse período em que eu escrevi muito, com um teclado, sentado no escuro dentro de uma van, um negócio meio "fluxo de consciência". E inclusive, antes de vir até aqui hoje, eu abri alguns arquivos daquela época. Estava tentando ver se havia alguma anotação biográfica sobre a criação do disco. Havia muitas variações de letras e comentários sem importância. Mas Carver foi uma das coisas que me influenciaram de verdade. Lembro que Steve apareceu com um

livro — *Do que falamos quando falamos de amor* — que ele me entregou, dizendo: "Talvez você consiga entender alguma coisa disso, eu li um pedaço e simplesmente não funcionou pra mim." Aquilo foi como uma porrada na minha cabeça, e me levou a uma imersão de meia década na obra de Carver e de outros autores que descobri por meio dele: Richard Ford, Ann Beattie, todos os minimalistas americanos. Todos os contos eram como pequenas experiências curtas, exatamente como são as músicas. Achei incrível quanto eles eram puros, abertos e honestos. São criados com maestria, mas não havia muito artifício envolvido na coisa, é uma escrita muito direta. Tenho a impressão de que Carver morreu logo depois de gravarmos aquele disco.[22] Eu estava tentando fazer com que as músicas fossem como histórias, parcialmente inspirado pelo trabalho de Carver. "Hey Joni" tem umas vinhetas pequeninas, que podem quase se expandir em histórias, ou talvez algumas delas fossem histórias contraídas. Não há inícios ou fins, mas um monte de pequenas visões de histórias.

A influência de Dylan é ainda mais visível. É como Lee explica:

Aquele foi para mim um período em que eu estava brincando com muitas imagens, em prol do imaginário mesmo... Eu sempre tinha gostado de Dylan, mas um ou dois anos antes do lançamento de *Daydream Nation*, um amigo nosso na Europa me deu uma fita cassete com umas gravações da [coletânea de Dylan] *Biograph*, que tinha, em particular, uma versão acústica

---

[22] Raymond Carver morreu durante as gravações de *Daydream Nation*, no dia 2 de agosto de 1988.

absolutamente maravilhosa de "Visions of Johanna". De alguma forma, aquela música foi como um golpe de marreta na minha cabeça. Quer dizer, deve ser uma das melhores músicas dele de todos os tempos, de certa forma. Sua qualidade visionária era tão real, de um jeito que eu nunca tinha notado antes, que aquilo abriu meus olhos para todo um universo... De alguma forma, no verão antes de *Daydream Nation*, aquela versão de "Visions" teve um impacto muito forte em mim. Hoje em dia, quando olho para as resmas e mais resmas de poemas que tenho daquela época vejo que muito daquilo decorreu do simples reconhecimento do poder de todas aquelas coisas metafóricas que Dylan estava dizendo e da tentativa de alcançar isso, de alguma maneira.

Repare em como as desintegrações carregadas de estática e de ruídos em "Total Trash" se perdem dentro do éter; elas se decompõem gradualmente em névoa, depois vapor, depois ar, depois nada; só para serem catadas novamente e reconstituídas, do outro lado, na forma da introdução abafada e ardente de "Hey Joni"...

Um zumbido se arrasta para fora do vazio como os primeiros raios de luz de uma manhã ensolarada e vermelha, e arranha as paredes internas do seu crânio. Os ruídos de pássaros eletrocutados (ouça com atenção!) piam contra a imprecisão bocejante e amanhecida do zumbido. Queimado de sol, ele é sustentado apenas durante o tempo necessário para colocar você em um microtranse, e então — *CRACK!* — Steve chuta o seu rosto com uma única e decisiva laçada, encerrando permanentemente as ressonâncias da pulsação de abertura. "Hey Joni" exige sua atenção desde o começo e se recusa a largar você durante toda sua extensão. A partir do momento em que a bala ardilosa de Steve atinge o seu crânio, a música acelera, alcançando a velocidade máxima e crescendo com firmeza ao longo dos (mais de) quatro minutos que seguem, com mudanças rítmicas estrategicamente situadas, em direção a um dos crescendos mais impressionantes do disco. Enquanto isso, Lee profere sua letra com uma urgência vocal que recapitula a intensidade dos instrumentos: o baixo de Kim se lança para a frente com uma elasticidade agressiva. A bateria de Steve é acrobática, à medida que ele a esmurra furiosamente através das drásticas mudanças dinâmicas da música. A participação de Thurston, saturada de reverberação e overdrive, eleva a atmosfera da música com um calor fantasmagórico, prototípico, paradoxal, exclusivamente Sonic Youth.

Em grande parte de "Hey Joni", o espaço auditivo é usado ao máximo: em dado momento um número de guitarras impossível de determinar está em ação simultânea: melodias ressoantes, acordes bestiais, blocos de distorção, arranhões frenéticos de cordas, guinchos metálicos. Por algum milagre, esses trechos não sobrecarregam a música. Há muita maluquice rolando ali, mas a densidade é empolgante sem sufocar. Talvez isso se deva também, em parte, ao alívio fornecido em intervalos essenciais da faixa. Repare como, na marca de um minuto e vinte segundos, a música dá uma guinada rítmica e tonal para o lado. Nesse instante, o baixo de Kim mergulha e soluça paralelamente a uma série de *staccati* de batidas de tom-tom e de pratos por parte de Steve, enquanto Lee e Thurston espalham complexos de guitarra espaçosos e unidos música afora. Esse interlúdio permite que a música alcance a si mesma antes de engrenar a marcha outra vez, na marca de um minuto e 33 segundos.

A letra da estrofe seguinte constitui uma série de interrogações ardentes, perguntas retóricas causadas pelo desespero, sem nenhuma esperança de receber resposta:

> Tell me Joni, am I right by you
> Tell me how you're gonna lose this hard luck
> Hey Joni, when will all these dreams come true
> You'd better find a way to climb down
> Off that truck

Vamos analisar essa imagem final: *o caminhão*. Mais uma metáfora veicular, dessa vez imbuída de uma espécie de mau presságio. O "caminhão" dessa estrofe representa uma resposta negativa a todas as perguntas que precedem. Se Joni permanecer no seu rumo atual, as respostas seriam: "Não, você não é bom para mim, eu não vou perder esse azar, e esses sonhos não vão se realizar." Portanto, o narrador encoraja Joni a sair da sua trajetória atual, a "descer desse caminhão". Esse transporte metafórico abre a porta para uma enchente de imagens, que atingem seu pico na estrofe seguinte, com uma avalanche de ginástica verbal da letra:

> Shots ring out from the center of an empty field
> Joni's in the tall grass
> She's a beautiful mental jukebox
> A sailboat explosion
> A snap of electric whipcrack
> She's not thinking about the future
> She's not spinning her wheels
> She doesn't think at all about the past
> She's thinking long and hard
> About that wild sound
> And wondering will it last

Violência invade a narrativa aqui, à medida que tiros são disparados, jukeboxes ficam loucos, barcos explodem e chicotes elétricos estalam. A agourenta viagem de caminhão de Joni torna-se sinistra e a vida, ameaçadora. Ela parece estar presa entre o passado e o futuro, presa em um presente prolongado, hipnotizada por um misterioso "som selvagem" que possivelmente contém a chave para escapar daquele seu caminho malfadado.

Aos dois minutos e 32 segundos, a música volta para a seção de tom-tom e de mergulhos de baixo, respirando profundamente uma última vez antes de se lançar para a frente com uma quantidade imensa de energia em direção ao clímax emocionante de "Hey Joni". Aos dois minutos e 45 segundos, as guitarras se travam numa explosão dilacerante e poderosa, pontuada e intensificada pela presença de um *Leitmotiv* com badalos de duas notas que soa como uma sirene de carro de polícia europeu. Aos dois minutos e 51 segundos, Steve entra numa armadilha que avança a toda a velocidade até a marca de dois minutos e 57 segundos, quando Lee grita um "*KICK IT!*" desesperado. (A questão me vem à mente: será que essa Joni da música é viciada em drogas? Será que o "kick it" de Lee articula um apelo pela superação de uma dependência química?) A partir daí, a tensão da música atinge níveis absurdos: a percussão de Steve consiste em uma obliteração da sua bateria em tempo dobrado, as guitarras e o baixo rasgam buracos nos tecidos amarrados uns dos outros, a interpretação vocal de Lee torna-se cataclísmica, sua voz falha e se rompe enquanto ele profere a estrofe seguinte:

Hey Joni put it all behind you
There's something turning, it's turnin' right to you
My head burns, but I know you'll speak the truth
Hey!

O rumo da aceleração da música culmina com esse "Hey!" estático e estridente. E se você não está sentindo ondas formigantes de animação percorrerem sua espinha a essa altura, amigo, acho que não posso lhe ajudar. Considerando a incrível densidade auditiva de "Hey Joni" e sua complexidade quase caótica, é surpreendente que o Sonic Youth consiga desenvolver um sentido de direção e de impulso tão coerentes. A música desacelera aos três minutos e 56 segundos, com um trecho para esfriar: Thurston toma a dianteira sibilante, fantasmagórica/calorosa, enquanto Steve e Kim voltam para o tom-tom ressoante e o trote martelado do baixo. A coisa toda é colorida de cinza denso e nublado pela lista de Lee de anos não consecutivos — 1963, 1964, 1957, 1962 — que nos leva finalmente de volta à preocupação central da música com a passagem do tempo e o fardo do passado, enquanto Lee profere os últimos versos como um cântico sagrado: "Put it all behind you / Now it's all behind you" [Deixe tudo para trás / Agora está tudo lá atrás].

Faixa oito: "Providence"

A parte traseira da van começou a sacudir logo na saída para Cranston. Tínhamos tirado fotos polaroide de Mike durante todo o caminho pela I-95, fazendo bigodes e barbas com a unha antes que a foto se fixasse. Ele caiu num sono profundo poucos minutos depois de passarmos pela Triboro Bridge. Nós o cobrimos com aquele papel-alumínio que são usados como embalagem para comidas que só se encontram em postos de gasolina, arenas de hóquei amador e em estandes do VFW (Veteranos de Guerras no Estrangeiro). Comidas horríveis.

A autoestrada estava coberta de buracos e a cada tantos metros havia um carro desmembrado. Lembro que meu pai costumava nos dizer quando passávamos por Nova York, em direção à Flórida: "Mais um que não vai durar muito!" Dizia isso toda vez que passávamos por um carro enguiçado sem ninguém dentro. Imagino que equipes de homens deviam encontrar esses carros e arrancar todos os pedaços valiosos em questão de minutos. Vi muitos carros desmembrados, mas jamais vi algum membro dessas equipes em ação.

Tínhamos saído de Nova York havia umas duas horas, mas dava para sentir a cidade nos seguindo até Rhode Island. Acho que fui eu que percebi o sacolejar primeiro, mas não disse nada. Finalmente, a coisa ficou tão grave à certa altura que acordou Mike. Ele varreu todos os pedaços de alumínio do corpo, mas estava mais preocupado com a possibilidade de a bunda da van se soltar. Ele olhou para mim e disse, simplesmente: "Que merda é essa?"

Paramos num posto de gasolina e Mike entrou para falar com o funcionário. Lembro de pensar que se tivéssemos enguiçado na autoestrada eu teria ficado com a van. Lembro de observar Mike enquanto ele andava pelo asfalto com as mãos nos bolsos da frente, fuçando à procura de moedas. Ele raramente parecia cansado, mas nesse dia pareceu. A luz no estacionamento daquele posto de gasolina era quase verde. A autoestrada estava barulhenta, embora já fosse bem tarde.

Ed, George e os outros caras pegaram uma sacola com um monte de cabos e um pouco de maconha dentro e meio que riram um para o outro por causa disso. Começaram a apertar um baseado, mantendo-o baixo, sob o painel do carro e erguendo o olhar a todo momento para ver se Mike estava voltando para a van. Eu não fumava maconha desde o colégio, e não tinha a menor intenção de voltar a fumar, então saí da van e fui para perto de Mike. Ele estava na cabine telefônica com um recibo de pedágio amassado em uma das mãos e o telefone na outra. Quando cheguei perto dele, ele disse: "Tem um sujeito aqui que pode dar uma olhada na van." Eu vi que na parte de trás do recibo estava escrito "Thurston/K.", com um número de telefone e uns coraçõezinhos rabiscados. Ele discou o número e ficamos ali parados sob aquela luz verde horrorosa no posto de gasolina durante o que pareceu uma eternidade até que a secretária eletrônica atendeu...

"Thurston! Watt! Thurston! Acho que são dez e meia. Estamos ligando de Providence, Rhode Island. Você encontrou

sua parada? Você tem que tomar cuidado com a maconha, Thurston, sua memória fica uma porcaria. A gente não achou ela na van, e estava querendo saber se você procurou no lixo. Quando a gente tirou o lixo, cara, a sacola estava na sua mão? Você jogou fora? Ligo mais tarde. Tchau."

O pessoal do FIREHOUSE aquela noite no Living Room estava doidão como sempre. Algum babaca escroto ficava gritando "Double Nickels <u>and</u> the Dime!" entre as músicas. Em dado momento Mike finalmente disse para o cara: "É Double Nickels ON the Dime, e ainda por cima você está gritando a banda errada, imbecil!" Mas mesmo quando ele está berrando e xingando você, de alguma forma o Mike não faz você se sentir um merda total. O sujeito gritou de volta para Mike de um jeito sincero mas totalmente bêbado, "Desculpa, cara", e ficou quieto durante o resto do show. Mike consegue ter esse efeito nas pessoas. É um desgraçado radiante.

Faixa nove: "Candle"

As brutalidades do dia a dia e a superlotação sufocante da vida na cidade necessitam de exílios tanto imaginários quanto concretos. As pessoas encontram seus meios de fuga: narcóticos, viagens a Montauk para pegar e comer moluscos, mentir para um padeiro da vizinhança sobre o seu passado, um casaco longo de couro. Já ouvimos a cidade desabando em torno de *Daydream Nation*, a turbulência pressurizada e a ansiedade esporádica da realidade urbana contemporânea redobradas nas texturas de superfície da música, assim como no conteúdo da letra. Sabemos agora que cantigas de ninar na guitarra proporcionam um alívio passageiro, apenas para serem subitamente rompidas pelas ventanias de temporais metropolitanos. Em alguma parte do Lower East Side, uma vela queima em uma alcova comum (uma conta de luz que não foi paga? Poluição luminosa em excesso? Aquecedor de ópio?). Sua perfeição luminosa em miniatura acena, um farol de calma e clareza apenas pequeno o bastante para caber entre as paredes desse estúdio apertado e desleixado (mil demãos de tinta, só a torneira quente funciona, duas bocas do fogão estão quebradas, barulhos constantes de obra, os vizinhos são traficantes). A imagem de capa de Richter ganha vida agora, sua chama tremulando no ribombar dos amplificadores. A sensação ali é outonal, agridoce, melancólica, um pouco perdida.

Esses momentos existem na música, são momentos passageiros, mas quando pegam você na hora certa, com o sol no ângulo exato, eles podem mergulhar em territórios pessoais com tamanha força que assumem uma espécie de permanência monumental, como um prédio preferido que você frequenta por causa de um sentido peculiar de espaço, alinhamento e luz, ou um confidente íntimo que você procura em busca de conselhos, ou a *rue* Vieille du Temple em Paris. Ganchos melódicos, certas letras, ou um "Aah" bem colocado: essas coisas agarram você pelo pescoço, sacodem, e o reivindicam como sua propriedade antes que você possa dizer qualquer coisa.

Houve ocasiões, e não estou de sacanagem, em que ouvi o trecho de introdução da guitarra em "Candle Light" repetidamente vinte, 25 vezes seguidas. E não apenas como pesquisa para este livro. Sinto-me como um adolescente ao admitir isso. Mas, de certa forma, no fim das contas somos todos adolescentes à mercê da beleza e do *élan* do rock. E o trecho melódico de abertura de "Candle" é lindo. Incidental, introdutório, abreviado, mas, é claro, esses fatores servem apenas para reforçar sua emocionante delicadeza. Um trecho desses é curto por necessidade: é tão fugaz quanto a sensibilidade agridoce que descreve, se fosse mais comprido poderia tornar-se sufocante, se fosse mais curto, seu objetivo se perderia. Repare em como, no fim dessa seção, o baixo de Kim entra aos tropeções, um pouco vacilante e choroso, para acentuar a pungência frágil do som de Thurston.

Esse é o som de quando encontramos cartões-postais atrás de cômodas. De folhas secas presas aos raios enferrujados de uma roda de bicicleta. De filmes super-8 projetados em paredes de sótão cobertas de pátina. "Onde você está? Você vai voltar?" *Isso* também é Sonic Youth. Dizer muito sem falar uma só palavra. Rachar a paleta inteira com um simples gesto de doçura.

A coisa toda dura 46 segundos.

O contraste entre trechos sutis e vaporosos como o que abre "Candle" e sua contrapartida mais barulhenta constitui uma parte consciente da abordagem do Sonic Youth desde o início. Como Lee explica:

> A questão é querer expressar a grande variedade de humores que a música pode causar. Na nossa música fica muito claro que há trechos de energia bem alta e trechos de energia bem baixa; há muita dissonância, mas há também muita melodia ali, há muita feiura, mas também muitas coisas lindas rolando. Essas são justaposições que funcionam para nós e que temos muito interesse em cultivar. Algo melancólico como "Secret Garden" do disco *EVOL*, ou "Hoarfrost", de *A Thousand Leaves*, e o começo de "Candle". É o mesmo com as letras, há diferentes níveis de coisas muito bonitas a coisas muito gritantes. Acho que sempre gostamos desses contrastes; para cada trecho barulhento e caótico temos um lindo trecho melódico, para cada seção dissonante há uma seção consonante. E eles se equilibram mutuamente, de certa forma. Acho que esses equilíbrios têm sido um elemento crítico durante toda a nossa carreira. Até entre um disco e outro há uma espécie de balanço entre discos que são maiores, mais expansivos e experimentais e discos que se preocupam mais com o lado formal das músicas, entre músicas mais caóticas e músicas que são simples e belas. Brincar com tudo isso é que mantém o negócio interessante.

Há uma desaceleração gradual no ritmo mais amplo do disco que acontece a partir de "Total Trash", passa por "Providence" e vai até a introdução de "Candle": de andamento médio, passando por um andamento de musique concrète, chegando a um andamento de guitarra-delicada-doce-solene. Quando surge o primeiro clarão da parte principal de "Candle", estamos iniciando uma reaceleração rumo ao clímax do disco.

A letra de Thurston é críptica e empolgante como sempre, com sobretons de astromisticismo ("I see a dog star jiving / Like he's magic snatchin' / Keeps me up awake a crystal cracking" [Vejo um cão estrela dançando / Como se apreendesse a magia / O estilhaçar dos cristais me mantém acordado), sociocartografia da baixa Manhattan ("See a falling snow girl walking Broadway / Turns the corner at 14th / And I know there's no way" [Vejo uma menina de neve andando pela Broadway / Vira a esquina da 14ª / E sei que não tem como]), e um papo profundamente confuso sobre pedras, sinos, relógios (*tempo*, mais uma vez) e, hum, *pirus*? ("I'm the cocker, on the rock / Humming bells start chiming / In your electric clock" [Eu sou o *cocker*, na pedra / Sinos cantarolantes começam a soar / No seu relógio eletrônico]), todos ocupando o mesmo tempo na tela de imagem.

A vela é, aqui, mais um personagem da música que um objeto inanimado. Thurston fala com ela como se falasse com um animal de estimação ou com um amigo:

> It's safe to say, candle
> Tonight's the day, candle
> It's all right now, candle
> The wind's away, candle

Como que dando vida à imagem da capa, a vela se torna aqui o interlocutor e a musa do narrador. Ela proporciona estabilidade, calor, consolo e estímulo diante de um mundo exterior efervescente e movimentado de meninas de neve na Broadway e relógios eletrônicos cantarolantes.

Faixa dez: "Rain King"

E a chama firme da vela de Thurston, o vestígio final de qualquer forma de tranquilidade, se extingue com a tempestade torrencial de "Rain King". Esse é o buraco negro do vórtice. A vela se apagou, um ponto de ruptura foi alcançado. A claustrofobia pressurizada e o bombardeamento sensorial incessante da cidade, o não sonho americano, o pesadelo que é Reagan, o consumismo insípido dos anos 1980, todos se amalgamam nessa figura do Rain King [Rei da Chuva] — o portador de más notícias, a nuvem escura que paira acima do mundo, o chamador da morte, o niilista — e explodem na forma de imagens avassaladoras e frenéticas.

É isso que acontece quando as paredes finalmente desabam, quando o fluxo esmagador constante de palavrórios e reclamações que ocupa sua vida na cidade, no mundo, na sua mente se torna demasiado. O único jeito de resistir à angústia, de desacelerar o desmoronamento, é começar a listar as coisas, refletindo o mundo de volta para si mesmo, na forma de uma espécie de catálogo purgativo.

Jet stream
Fountain
Shotgun

Schoolyard
Whipped cream
Trainyard
Crossfire
Cadillac
Dictionary
Steel drum
Wedding ring
Pontiac
Doorknob
Whirlpool
Pitchfork
Tent
Countdown

    A gravidade sombria dos instrumentos — com seu baque pesado como chumbo, suas figuras de guitarras baixas e as escoriações de guitarra descendentes — ecoam as preocupações carregadas das imagens contidas na letra. A tensão dos elementos rítmicos e melódicos dessa faixa é de danificar os nervos. A bateria de Steve rasteja até se tornar lenta com batidas de tom-tom expectantes. A combinação densa de atonalidades, dissonâncias, rajadas de ruídos e guinchos de pesadelos eletrônicos processados é simplesmente impossível de se compreender. Há quantidades imensas de ansiedade e desafeto sendo liberadas aqui. A contenção ardente da performance de Lee só reforça a tensão narrativa da música. Seu vocal é paciente, metódico, mas emético. A letra é uma corrente vulcânica de linguagem que funciona aqui como artilharia em uma batalha sendo travada contra um oponente (quem é esse Rain King?) que já não pode mais ser ignorado ou tolerado.

"Rain King acorrentado não tem aonde ir" [*Rain King in chains has nowhere to go*]. Ele esgota toda a energia criativa, é estático e imóvel, é um niilista *no wave*. Seus lábios cospem bile negativa, como se a partir de um "chafariz" de esgoto. Sua autoconfiança é egocêntrica, grosseiramente masculina ("cocksure"). Sua violência é adolescente ("He's a shotgun, schoolyard, street-wise, white-hat kid" [ele é uma criança branca, de espingarda, pátio de escola e esperteza]), sempre aguardando o desastre ("his mind a countdown" [sua mente, uma contagem regressiva]), e até seus sonhos contêm infernos potenciais ("His daydream sparks" [Seu devaneio, faíscas]).

A salva de imagens aqui apresenta o Rain King como a personificação de um elo de energia negra que parece manter nosso narrador como refém, de certa forma. Assim como as paredes que se fecham sobre você num lugar como Nova York, ou como a prisão constrita do bloqueio criativo, ou a debilitação contínua de um trauma passado, o Rain King é uma espécie de vilão vanguardista de histórias em quadrinhos, nos abatendo com a sua espingarda, sempre ameaçador, sempre fazendo a contagem regressiva até a próxima porção de merda proibitiva que ele vai jogar nos seus sonhos e ambições.

> I need three years to clean these thoughts, hey
> I'd like to say I knew one true thing
> It feels like years that all I've done is fought
> And not turned up, anything
> Let the black day glow and roll over my bed
> I'm waiting here for some reality crease
> There's one big dead end in my head
> And not a moment of peace

As músicas de Lee não necessariamente oferecem resoluções, em um sentido narrativo típico. Funcionam mais como veículos fluidos para o transporte de imagens em prol das próprias imagens. Se há alguma resolução das tensões que atravessam as imagens de "Rain King", ela tem que ter algo a ver com o poder purgativo da própria linguagem. Às vezes, o simples fato de *listar* o máximo de coisas possível pode ser transformador, confortante. O volumoso índice de imagens de Lee, todas se chocando umas com as outras, tem a intenção de gerar "vincos", por assim dizer, na realidade, mais do que qualquer explicação concreta dela.

A violência e a ansiedade não totalmente apaziguada de "Rain King" culminam na última estrofe, uma mistura inebriante de erotismo perturbador, ansiedades prolongadas, cansaço do mundo e possível mutilação oral:

Hung up on a speed king nation
Caught up on a nail
Hangin' tight with time,
At least a little while
Your sister is a beauty when she's naked,
Like my kid
Out there in this whirlpool world,
Dreaming of a pitchfork kiss

5. Nãããããã(sim)ooooo!

O dedo do meio ensanguentado. Nada de viciados, nada de anarquistas. Uma fera, muitas cabeças. Como purgar o mundo da doença burguesa. Teóricos do rock, uni-vos!

Embora o cenário das artes conceituais e visuais do início dos anos 1980 em Nova York fosse talvez o ponto de encontro mais familiar para o Sonic Youth, as ondas elétricas geradas no circuito musical downtown eram incontornáveis. Uma visão superficial dos personagens do rock canônico de Nova York que circulavam naquela época revela nomes facilmente reconhecíveis: Ramones, Talking Heads, Blondie e Richard Hell and the Voidoids. Apesar do impacto histórico que essas figuras criadas na Bowery de Nova York tiveram no rock daquela era, os avanços formais que faziam eram, em retrospecto, relativamente benignos. De fato, se você for dissecar a música deles até reduzi-la a seus elementos componentes, vai ver que com frequência ela dependia fortemente de vocabulários familiares do rock: elementos rítmicos bastante convencionais, letras típicas na sua estrutura estrofe-refrão-estrofe, assim como progressões de acorde, melodias e harmonias comuns. O que (*calma!*), é claro, não significa que essas bandas não tenham sido responsáveis por algumas das recalibrações mais empolgantes e inovadoras do punk, do pop e do rock na era contemporânea. Simultaneamente, no entanto, caminhos estavam sendo explorados na música que confrontavam todos os pressupostos com que contavam o new wave e seus afiliados punk para se manter intactos.

Subjacentes a essas variantes reutilizadas do punk e do new wave havia ecos de sons drasticamente estrangeiros vindos de um setor de composição vanguardista agitado e ativo há muito tempo. Esse território era caracterizado por ideias experimentais geradas por figuras de composição modernas e limítrofes como Steve Reich, Terry Riley, Glenn Branca, Tony Conrad e Philip Glass. Esses compositores trabalhavam com uma linguagem musical que priorizava qualidades de textura e gestos tonais, no lugar da apropriação das convencionais escalas melódicas e harmônicas maiores e menores. Além disso, em vez de perpetuar compassos demasiadamente familiares, esses compositores empurravam e retorciam ao máximo os contornos temporais da sua música.

A tudo isso acrescentamos a explosão, o dedo do meio ensanguentado erguido para o mundo inteiro, a algazarra catastrófica que era feita no "movimento"[23] *no wave* — levemente incestuoso e não-tão-levemente apocalíptico — por grupos como DNA, Mars, Suicide, Teenage Jesus and the Jerks e, por último, Theoretical Girls, onde a presença de [Glenn] Branca evidencia

---

[23] Lá vamos nós com as aspas, mais uma vez. Nesse caso, a intenção delas é de ajudar a amaciar o acoplamento contraditório de no wave e *movimento*. Se os *no wavers* tivessem qualquer coisa semelhante a um programa operacional ou a um manifesto governante, ele certamente incluiria um ataque explícito direcionado à simples ideia de "movimentos" de rock enquanto porcarias arcaicas, imperialistas e positivistas.

a desenfreada fertilização cruzada que ocorria em Nova York naquela época. Assim, o cenário da música na downtown de Nova York, nesse período, se assemelha a uma criatura barulhenta com cabeça de hidra que trava uma série constante e fragmentada de conversas consigo mesma, todas mantidas em cômodos apertados com tinta descascada em decibéis punitivos. Essa é uma série de conversas à qual o ouvido coletivo do Sonic Youth estava magneticamente sintonizado.

É claro que eles não aderiram à metafísica subjacente de tudo aquilo com que estavam estabelecendo contato na época. Sem desconsiderar a pertinência superior e a flagrância inspirada do gênero, o niilismo redutivo e sem rumo do no wave pareceu fundamentalmente irrefletido ao Sonic Youth em termos de potencial criativo. O impulso no wave, e a teleologia decididamente niilista dele, assim como qualquer dinâmica que possui como *éthos* orientador um compromisso com a *negação absoluta*, está, pela sua própria definição e composição, destinado à autoimolação. O autoaniquilamento do no wave já se manifestava dentro da estrutura do próprio documento cujo objetivo era captar sua essência, quando Brian Eno levou uma lâmina de barbear afiada para o Lower East Side e cortou a lista da compilação consagrada/ultrajada *No New York* de 1978 de dez (mais ou menos) bandas, reduzindo-a a quatro bandas (Contortions, DNA, Mars e Teenage Jesus and the Jerks). Esse ato foi amplamente lamentado como um gesto de descaso, provocando ataques de consternação e raiva em meio às facções no wave. Mas, na verdade, que escolha tinha Eno? Ele fez exatamente aquilo que o gênero havia ordenado tacitamente: reduziu-o a pedaços sangrentos. Não há dúvida: o Sonic Youth ouviu o "não" do wave de downtown alto e bom som. Pegaram especificamente aquilo de que iriam precisar no movimento, em termos de som, e saíram correndo na direção oposta. Em direção a um outro tipo de *não*: um *não* com um *sim* germinando dentro da barriga. Lee explica:

> O no wave inspirou a gente, mas não éramos niilistas como eles. Quer dizer, todas aquelas bandas, desde o momento em que se formaram, por mais que sejam importantes para nós e por mais que fossem ótimas, acho que todas elas sabiam que teriam um prazo de validade muito curto — um ano, 18 meses no máximo, e depois teriam sumido — e nenhuma delas teria nenhum arrependimento com relação a isso, era assim que tinha que ser, um desabafo de coisas, e depois acabou. Nessa situação, você pode ser niilista.

O niilismo é perfeitamente razoável e pode ser efetivamente libertador quando se está operando com os termos artísticos e as expectativas profissionais de algo como o instinto no wave. Mas para alguns, como o Sonic Youth, suas limitações simplesmente não funcionam a longo prazo, depois que certas forças criativas se instalam. Em oposição à energia destrutiva de fim de jogo dos *no wavers*, há impulsos criativos saudáveis e afirmativos que podem se enraizar profundamente quando tomam posse de um anfitrião. O alimento trazido por tais forças é excluído por niilismos filosóficos que infectam movimentos como o no wave. Mais uma vez, passo a palavra a Lee:

> Não acho que somos "carreiristas" de maneira alguma, mas acho que a gente queria ter uma carreira enquanto pessoas do rock'n'roll. A gente queria ter uma relação duradoura com esse trabalho que estava fazendo. A essa altura, dá para ver que ela acabou sendo muito mais duradoura do que qualquer um de nós jamais teria imaginado que era possível, mas mesmo

assim a gente nunca parou para pensar sobre isso, em quanto tempo fazia ou se devíamos continuar. Só parecia sempre que havia trabalhos interessantes a fazer pela frente. Não havia niilismo na coisa, havia muito respeito pelo niilismo, mas entre nós não havia nenhum. A gente não era um bando de anarquistas drogados, conseguíamos pagar nossos aluguéis e contribuir, de certa forma.

Lee revisita a fera com cabeça de hidra que era o cenário musical de downtown. Falando sobre a mistura de rock experimental e composição contemporânea em Nova York naquela época, Lee confirma o profundo impacto que o diálogo entre essas formas teve na banda:

> [O Sonic Youth] tinha um histórico na composição moderna, além de estar envolvido com o mundo da arte. A gente se mudou para Nova York com um certo conhecimento das tendências da música moderna, mas pessoas vinham para Nova York como jovens punks que também tinham essa cultura, e brincavam com todas essas coisas. Tinha gente como Glenn Branca e Rhys Chatham junto com pessoas como LaMonte Young, Terry Riley, Philip Glass e Steve Reich, e todos eles estavam brincando com diferentes aspectos do que era a música moderna na época. Alguns faziam isso com guitarras elétricas; outros, com instrumentos mais tradicionais. Havia muita gente fazendo experimentos com as teorias que estavam no ar. Tinha o Steve Reich trabalhando naquelas músicas de *tape loop*. E por outro lado, do mundo do rock, tinha gente como Brian Eno, que era reverenciado por fazer a mesma coisa, a história do *tape loop*, além da música ambiente e da música discreta. Havia uma quantidade incrível de ideias flutuando no ar, nas quais a gente se banhava.

... E por falar em Glenn "Meu Cabelo Lembra a Minha Música" Branca, complementando seus envolvimentos respectivos em bandas de scum/art rock que precederam a formação do Sonic Youth, Lee (que fazia parte de uma banda chamada os Flucts, uma espécie de reinterpretação do movimento artístico Fluxus)[24] e Thurston (cujo grupo pré-Sonic se chamava The Coachmen [Os Cocheiros], uma anti-homenagem sarcástica à tendência decididamente britânica de "dandificar" o rock dando nomes inofensivos e engraçadinhos para as bandas) estrearam na música experimental e solidificaram seu interesse nascente pela busca de técnicas de afinação excepcionais sob a direção

---

[24] O movimento Fluxus, impulsionado por um instinto em conflito com o dos artistas apropriativos (ver nota 8) — mas não antitético a ele —, acaba sendo particularmente relevante no agitado cenário híbrido artístico/musical do qual o Sonic Youth se tornaria cúmplice na ocasião de sua chegada a Nova York. Os fluxistas surgiram durante os anos 1960, majoritariamente na Alemanha, e prosperaram ao longo dessa década e até a seguinte, alcançando eventualmente o status de comunidade vanguardista internacional. Com profundas raízes dadaístas e uma espécie de maluquice coletiva, os membros do movimento Fluxus, como Joseph Beuys, George Brecht, John Cage, Henry Flynt, Nam June Paik e Yoko Ono praticam uma arte que evita qualquer base teórica formal e repele a comercialização da arte em prol do pandemônio total. Esse grupo não intervencionista, resolutamente adepto da filosofia "faça você mesmo" valorizava a mistura caótica de todos os tipos de mídia e produzia trabalhos que incluíam "poemas" visuais e de *found poetry*, arte postal, obras orquestrais silenciosas, teatro de rua de guerrilha e colagens de detritos. Segundo George Maciunas, o senhor lituano-americano responsável por ter inventado o nome do movimento, "Fluxus é uma fusão de Spike Jones, pegadinhas, jogos, Vaudeville, Cage e Duchamp" que tem a intenção de "purgar o mundo da doença burguesa, da arte morta". Fortes traços da ludicidade fragmentária, da autonomia criativa e da agressividade estilo "tapa na cara" do Fluxus atravessam a estética do Sonic Youth.

de Branca, como parte dos seus imensos conjuntos de guitarra elétrica com ares de enxames de abelhas muito sérias. As composições de Branca eram tectônicas em sua escala e em seu efeito global, levando as possibilidades melódicas e harmônicas da guitarra aos seus limites e além. Uma maneira de ler a influência dos esforços de Branca no que se tornaria mais tarde o som do Sonic Youth é centrada inevitavelmente nessa ênfase no desenvolvimento de texturas harmônicas renegadas, alcançado através de uma maximização do potencial tonal da guitarra elétrica. Ataques violentos de antimelodia e dissonância dão lugar a diversas camadas de trechos de zumbido hipnotizante em suas músicas. Ainda assim, apesar da sua propensão para extremas complexidades sonoras e sua queda por paroxismos no palco, Branca mantinha uma atenção rigorosa aos detalhes do tumulto que suas orquestras estavam gerando, chegando a ponto de registrar sistematicamente as mudanças tonais que ocorriam em suas peças musicais em um esforço para recriá-las sob encomenda. O extremismo da metodologia musical de Glenn Branca combinado à sua ambição esforçada e a seu compromisso com a descoberta tonal, tudo isso foi bem adaptado aos objetivos de Lee e Thurston no rock e cumpriu, sem dúvida, um papel crucial na polinização inicial do Sonic Youth.

Kim traria à mistura, também, uma sensibilidade vanguardista muito culta. Com seu envolvimento passado com a arte e seu entusiasmo de longa data pelos limites externos do jazz, ela chega a Nova York com uma abertura preestabelecida para as vanguardas da música e das artes visuais.

A disposição espacial das sessões na Greene Street reflete a abertura igualitária determinada da banda, assim como a importância atribuída por ela à intercomunicação em tempo real. Cito Nicholas Sansano outra vez:

> A coisa funcionava assim: a gente instalava o Steve no meio do cômodo e fazia um círculo em volta dele com três estações com paredes de vidro: para Kim, Thurston e Lee. Era importante para eles poder falar e ver uns aos outros. A performance tinha uma importância muito grande em relação ao que estavam tentando fazer; havia muita improvisação. A soma das partes parecia ser muito mais valiosa para eles que qualquer parte individual.

Essa centralidade da ética de grupo, valor fundamental do movimento indie rock, se opõe à mentalidade comercial mainstream de produção de estrelas. O que vemos acontecer no Sonic Youth, e em outras bandas diligentes do mesmo feitio, é um compromisso intenso com o *trabalho* compartilhado de se criar um som. Essa máxima ocorreu naturalmente com o Sonic Youth desde o início e ajudou a mantê-los focados à medida que as coisas começaram a se intensificar rapidamente no quesito carreira durante o período *Daydream Nation*. Apesar das transformações aceleradas (tanto profissionais quanto artísticas) que aconteciam entre 1983 e 1988, a banda contava com algumas constantes para manter seu percurso estético. Conta Lee:

> As coisas eram muito mais simples para nós [no início e meio da década de 1980] enquanto banda. Em um milhão de níveis diferentes as coisas eram mais simples; em parte porque a gente estava muito menos abrigado no meio musical. O meio

da música era uma coisa diferente naquela época. Parecia que a gente tinha muito dinheiro para fazer *Daydream Nation*, mas eram 35 ou 40 mil dólares, não era tanto dinheiro assim, na verdade, mas para uma banda como a nossa, naquela época parecia uma fortuna. A gente gastou cinco vezes essa quantia com o disco seguinte, *Goo*. E isso foi totalmente diferente. É um bom exemplo de como as coisas mudaram. Fizemos *Sister* provavelmente com 10 ou 11 mil dólares, depois com *Daydream* gastamos tipo 35 ou 38, e depois disso, com *Goo*, gastamos 150 mil, de forma que houve um salto imenso, e tudo isso mudou naquele momento. *Daydream Nation* ainda faz parte daquela época em que a gente estava catando e juntando dinheiro, de certa forma. E o que nos ajudou muito com toda essa questão foi que a gente tinha — e ainda tem, em diversos aspectos — uma ética de trabalho muito intensa. Isso talvez tenha nos ajudado a separar nossa música da de outras bandas e se deve em parte ao jeito como a gente compunha música. Como você sabe — independentemente de algumas das músicas terem sido geradas por uma ou outra pessoa —, a maior parte da nossa música era, e ainda é, composta em grupo, todos juntos num cômodo. Então demorávamos muito tempo para desenvolver a música, especialmente naquele momento, pelo fato de ela estar sendo escrita por quatro pessoas em vez de uma só e pelo fato de que a gente estava mesmo se desafiando estruturalmente. Aquilo levava meses. Demoramos provavelmente meio ano para escrever a música de *Daydream Nation*. Algumas delas, como "Hyperstation" e "The Wonder", têm muitas partes estruturais rolando, e a gente trabalhava mesmo eternamente nisso. A gente se gravava tocando e depois escutava furiosamente, analisando o que ouvíamos e decidindo o que soava bom. Por um lado era ótimo, porque quando íamos pro estúdio para gravar discos como *EVOL*, *Sister* e *Daydream Nation*, a gente estava pronto de verdade, as músicas estavam todas ali e a única coisa a fazer era aprender a lidar com o estúdio de gravação e fazer com que as músicas saíssem do outro lado.

Então, quando chegaram a Greene Street, eles estavam prontos para trabalhar. Lee continua:

[Em *Daydream Nation*] a gente trabalhou dias inteiros. Reservamos uns dez ou 12 dias e trabalhamos todo santo dia, o dia todo, 10 ou 12 horas por dia. A gente provavelmente começou só ajustando os sons nos dois primeiros, e deve ter passado seis dias tocando tudo junto, tocando as faixas básicas. Embora tenha havido algumas poucas sobreposições de som, sobretudo naquele disco, como fazemos em geral, a gente estava tocando tudo junto, com a bateria atrás de uns painéis de vidro — cada um na sua pequena câmara individual.

O cenário underground inicial de música indie tinha um desprezo debochado pela instituição grisalha (ainda que interessantemente homoerótica) do rock'n'roll, com seu vocalista extravagante e seu ajudante guitarrista pistoleiro servil e confiável, que, com frequência, também servia de: figura de contraste, puxa-saco, cúmplice e facilitador. Os suspeitos muito familiares desse desfile estritamente masculino — Mick e Keith, Roger e Pete, Robert e Jimmy, Steve e Joe, caramba, até Sid (um baixista, tudo bem, mas você entendeu o que eu quis dizer) e Johnny — costumavam cobrir uns aos outros de baba na frente de multidões. A configuração do Sonic Youth evitou certamente, desde o início, esse tipo de idolatria histriônica em prol de um senso de performance e criatividade mais partilhados, mais resultantes de um esforço comum. Ainda assim, a banda não criticava explicitamente esse tipo de convenção do rock de maneira reacionária, nem menosprezava esses tipos de gestos e posturas. A abordagem do Sonic Youth com relação ao conceito de bandas de rock tinha um ponto de vista totalmente diferente, que tinha mais a ver com, digamos, Fleetwood Mac e os Carpenters que com os Led Aerofloydstones do mundo. A resistência deles aos apetrechos e costumes há muito estabelecido que o fato de se fazer parte de uma banda de rock acarretava já estava incorporada ao sistema nervoso individual de cada um, e, por conta disso, era elementar à natureza do próprio Sonic Youth. Contudo — e é aí que a coisa se complica —, a afeição compartilhada que tinham pelo rock não conhecia limites. O Sonic Youth vem mantendo, ao longo da sua história, esse equilíbrio um tanto precário entre o fato de adotar todas as coisas rock'n'roll e rejeitar de maneira semidebochada suas indulgências mais grotescas. Mas, como indica Thurston, essa abordagem parte das predisposições particulares e fundamentais que cada membro traz para o grupo (mesmo se a natureza da predisposição de Kim for mais difícil de nomear):

> Esse ideal [anti/pró rock] nunca foi algo consciente, mas fazia parte de uma postura comum mais ampla — certamente não somos os únicos com essa mentalidade. Acho que o Pavement deu muito valor a isso, mas [cada um de nós] sempre tinha alguma outra coisa acontecendo: meu afeto pelo primitivismo, o afeto de Lee pelo espaço da arte, o de Kim por algo totalmente diferente.

Lee concorda:

> Quer dizer, a gente adorava [rock'n'roll], crescemos com ele. Mas a gente também tinha uma distância suficiente para conseguir ver o rock pelos dois lados. Para conseguir ver os clichês dele, assim como a sua beleza e capacidade intuitiva inerentes.

Se não for aplicada da maneira correta, a inteligência pode atrapalhar o caminho da boa arte. Sobretudo no âmbito do rock, no qual o excesso de intelectualização é malvisto, talvez de maneira justificada, e desprezado na medida em que se opõe à natureza da própria fera. Como sugere Lee, há um elemento forte de intuição no núcleo do rock'n'roll. Essa sensibilidade leva as formas do rock adiante com uma energia baseada sobretudo em impulsos e compulsões imediatamente físicos e celulares. Se não for controlada, no entanto, essa energia pode levar bandas a lugares muito ruins, nos quais elas perpetuam e se entregam a seu próprio entusiasmo excessivo em compor músicas sobre coisas como a noite de sábado, skank, cerveja ruim e sexo vazio. Adicione a esse impulso um certo grau de distanciamento crítico, no entanto, e os resultados podem ser revolucionários. Enquanto o rock tem um hábito incômodo de resistir à teoria, a música do Sonic Youth proporciona uma maneira eficaz de pensar teoricamente sobre essa forma musical. Com relação à teorização do rock, Lee diz:

> A gente nunca resistiu a isso, mas a gente tinha mesmo uma abordagem bilateral do que fazíamos. Crescemos e fomos genuinamente alimentados por todo esse universo, com os Stooges e os Velvets, você sabe, a tradição toda. Também éramos fãs ávidos da história do rock'n'roll de um ponto de vista crítico.

Lemos uma tonelada de coisas sobre o assunto. No período anterior a *Daydream Nation*, quando a gente estava cimentando nossa unidade enquanto banda, estudamos muita coisa diferente sobre rock'n'roll — lemos inclusive *Heroes and Villains*,[25] a história dos Beach Boys. A gente estava investigando a fundo todas essas mitologias do rock, e lendo as perspectivas críticas dessas coisas, para ver como os dois lados funcionavam. Talvez a gente não estivesse expressando conscientemente muita coisa conceitual e teórica sobre o nosso trabalho, mas isso estava meio que flutuando ali em segundo plano. Tinham escrito matérias sobre nós em publicações sérias como *Art Forum*, *Village Voice* e *The New York Times* por um lado, e em revistas de rock por outro. A gente estava bem consciente dessa dicotomia; nossa abordagem do trabalho vinha pelos dois lados. A gente lia todas essas críticas com muita avidez para ver quem parecia estar chegando perto e acertando e quem estava viajando completamente. Às vezes as teorias mais viajantes eram também as mais interessantes porque sugeriam coisas que a gente nunca nem chegou a pensar sobre o nosso próprio trabalho.

---

[25] Gaines, Steven. *Heroes and Villains: The True Story Of The Beach Boys.* Cambridge: Da Capo Press,1995.

Lado quatro
Faixa onze: "Kissability"

"Essa música é dedicada a Steve Albini. Ele não pôde vir esta noite. Está por aí construindo sua megacarreira. Porque ele é um 'mega cara'."

— KIM, Chicago, *The Metro*, 5 de novembro de 1988

Tendo praticamente criado um novo gênero a partir de nada, a música "Kissability", de Kim, constitui uma espécie de coroamento do seu catálogo crescente de músicas que retratam a misoginia vil e a exploração sexual perpetradas por homens com cargos de poder na gestão superior da indústria do entretenimento. Essas são (como "Swimsuit Issue" em *Dirty* e "Kool Thing" em *Goo*) músicas de protesto feminista para pessoas que se retraem à menção de músicas de protesto feminista.

Em "Kissability", Kim inverte a tensão narrativa ao assumir o papel do babaca executivo de gravadora/musical masculino que tenta se esgueirar para dentro da cama das mulheres com promessas de contratos de gravação, papéis em filmes e estrelato. Suas manipulações são implacáveis, parasíticas e baseadas em uma visão da mulher que a percebe como veículo para a acumulação de lucro e de gratificação egocentrada/fálica. O único jeito de lidar com um cara desses é enfiá-lo numa música vigorosa e arrasadora de rock e encher a bunda enrugada dele de guitarras barulhentas enquanto você o expõe como o merda repugnante que ele realmente é.

É mais provável que a música descreva tendências masculinas infelizes do que qualquer personagem específico; mas, bom, quer dizer, a Kim chegou a mencionar nomes naquele show em Chicago citado acima... (estou brincando, sr. Albini! Pelo menos espero estar brincando... Credo!)

A música começa com um *sprong!* isolado de guitarra (o barulho do *piru* miserável do nosso executivo se levantando ao ver a *mais nova gostosa* entrar no escritório — poltronas felpudas, iluminação indireta, sofá grudento), alguns ruídos aparecem para introduzir os desconfortos que vêm pela frente, e o tom-tom nítido e tamborilante de Steve entra rolando (o som do coração gorduroso do nosso executivo pulando para fora do peito — câncer de pulmão, provavelmente).

E então ele abre a boca (uma nuvem de gases biliosos sopra no ar — porque o "cheiro dele é doentio" [*he smells so sick*] — e *olha ali*, um pequeno fiapo de pernil de cordeiro do almoço ficou preso entre seus dentes):

Look into my eyes
Don't you trust me?
You're so good
You could go far
I'll put you in a movie
Don't you want to?
You could be a star
You could go far

Repare como esse porco começa imediatamente a introduzir seus duplos sentidos hipócritas na proposta: "Você é tão boa", "Você não quer?", "Você pode ir longe". Mais adiante na música o assédio sexual se torna menos disfarçado:

> You drive me crazy
> Give us a kiss

E o repugnante:

> You're so soft
> You make me hard

Mas esse babaca vai ter o que merece, porque logo ali na esquina, na metade da música, há um chute sônico na virilha esperando por ele. Enquanto as guitarras se agitam em delírio e Steve açoita a bateria até fazê-la sangrar, nós vemos na ferocidade dos instrumentos a representação auditiva desse sujeito recebendo exatamente o que merece. Se isso não funcionar, ainda há esperança. Porque de vez em quando, ao longo do monólogo do executivo, ele menciona que está se sentindo muito mal ["I feel so sick"]. Quem sabe, talvez isso seja uma referência ao seu câncer terminal de pulmão. Talvez ele esteja destinado a encontrar em breve seu fim e todas as mulheres que ele já assediou, humilhou ou explorou vão ter a chance de dançar em cima do amplificador que lhe serve de lápide.

Mas essa é uma leitura mórbida.

O verso que diz que ele "está se sentindo muito mal" talvez sirva para expressar a dispepsia moral do sujeito, uma metáfora que representa a doença da exploração patriarcal do feminino.

Talvez.

Enquanto isso, podemos torcer pelo câncer.

Faixa doze: "Trilogy: (A) The Wonder"

A suíte final em três partes do disco, a arrebatadora "Trilogy", constitui na realidade a peça central de *Daydream Nation*: um tríptico que funciona tanto como turnê-turbilhão da Nova York do Sonic Youth quanto como somatória da trajetória estética e das preocupações do disco e, essencialmente, da banda.

Tendo sido em sua origem provisoriamente intitulada "The Town and the City" [Cidade pequena, cidade grande] (em referência ao primeiro romance de Jack Kerouac), "The Wonder" contém a expressão mais plena da angústia social e da claustrofobia arquitetônica indutoras de crises na vida em um centro ultraurbano. Thurston se encarrega da letra aqui e continua a expandir seu jargão pessoal, sua linguagem contém imagens desarticuladas e assimétricas, assim como fraseologias que rejeitam o óbvio, o previsível e o clichê mentiroso.

Há uma sensação de alarme e tumulto à medida que as guitarras gemem e chiam no conjunto como mil ambulâncias, todas seguindo na direção errada da Orchard Street, no Lower East Side, acelerando loucamente enquanto passam por hospitais de gatos abandonados e lojas de picles, a caminho de mil emergências fatais.

A letra de Thurston é picaresca, ligeiramente errante, com sua descrição de um fluxo de imagens absorvidas durante uma caminhada espectral pela cidade. Essas imagens são ao mesmo tempo familiares e incômodas, contemplativas e enervadas, plácidas e violentas. Em um instante, o comum pode se tornar espantoso. A volatilidade geradora de chicotadas da cidade está à mostra, à medida que o influxo constante de dados urbanos faz com que a cabeça trinque, se curve e gire.

Luz e cor são usadas livremente e seu efeito eletrifica a narrativa, dando ao fluxo de imagens uma qualidade pictórica: tudo brilha e fulgura e queima e escurece e acende. As sensações visuais são inundantes, ofuscantes. Quando os olhos de um passante encontram os seus, eles estão furtivos, desconfiados, paranoicos.

> See flashing eyes
> They're flashing 'cross to me
> Burning up the sky
> Sun-shining into me
>
> Your locus crown
> A cop-killing heartbeat
> Head's looking down
> Bowing out to the street
>
> I'm just walking around
> Your city is a wonder town
>
> Lips red to white
> Lips green in blacked night

Your spirit flares
Flaring up leonine

A letra lembra as gírias futurísticas de "Silver Rocket" na estrofe seguinte, quando nossa atenção é direcionada para o céu, talvez em busca de um satélite de comunicação ou de uma fuga para além da contenção da cidade, para os céus onde transmissões circulam livremente e fantasmas alados flutuam sem restrição:

Transmitter rhyme
Transmitter all the time
Looking up to the sky
I'm seeing ghosts flying

O tom muda musicalmente ao mesmo tempo em que fazemos uma diagonal narrativa, o *déjà-vu* se instala e temos a impressão de que a cidade não é o que parece, ela guarda infinitos segredos. Segredos perigosos, do passado...

I think I've been there once before
Something tells me there's so much more
She's back in town to even the score
It's time to go

Faixa treze: "Trilogy: (B) Hyperstation"

A essa altura, a claustrofobia e a tensão urbana já se tornaram avassaladoras. A consciência vacila entre hipnose em transe e demência alucinatória. A questão surge: será que finalmente enlouquecemos? O devaneio se transforma em pesadelo e o pesadelo em devaneio. A cidade está ruindo à nossa volta, nos engolindo inteiros. A paisagem é um vórtice poluído que nos suga a esmo para a frente, cambaleantes, agredidos, desgrenhados. Estamos nos metamorfoseando, somos répteis. As distinções de gênero estão desfocadas já que a consciência do nosso narrador masculino está criando seios. Nervos estão desgastados, apartamentos destruídos, detritos espalhados por toda parte, estamos prestes a ser demitidos por absentismo e um bebê mágico e articulado acabou de nos fazer uma visita em nossos sonhos. Com "Hyperstation" *nós alcançamos verdadeiramente a merda do fim da linha*.

> Falling outta sleep I hit the floor
> I pull on some rock tee and I'm out with the door
>
> From Bowery to Broome to Greene I'm a walking lizard
> Last night's dream was a talking baby wizard

All coming from female imagination
Daydream days in a daydream nation

Smashed up against a car at 3am
The kids dressed up for basketball beat me in my head
There's bum trash in my hall and my place is ripped
I totaled another amp, I'm calling in sick

It's an anthem in a vacuum on a hyperstation
Daydreaming days in a daydream nation

Há uma amplidão épica, transcendente dos instrumentos. O zumbido hipnótico e o arco das guitarras ecoam o feitiço alucinatório da letra. O *Leitmotiv* melódico de dez notas volta como um mantra desesperado ou um pedido de socorro, chamando mais e mais, ansiando por resposta. Esse é o hino que funciona como apelo. Um SOS disfarçado de hino. Ele ressoa através do céu urbano, apenas para ser sugado de volta para dentro do vácuo do buraco negro e expelido novamente como superfrequência numa superestação por toda a nação de devaneio.

Faixa catorze:| "Trilogy: (Z) Eliminator Jr."

A loucura de Nova York, a loucura dos Estados Unidos, a loucura dos homens e a loucura de *Daydream Nation* alcançam um ponto crítico nesse pequeno número assustador. O título é uma interpretação dupla de *Eliminator* do ZZ Top (repare também no "z" entre parênteses) e de Dinosaur Jr. cujo intuito é reconhecer os rastros de influência desses dois elementos nas inclinações de rock tradicional da música. No entanto, depois da diversão do trocadilho do título, a simpatia e leveza de "Eliminator Jr." são abruptamente interrompidas. A música reconta de maneira dramática a agressão sexual e o assassinato por estrangulamento de Jennifer Levin no Central Park, na noite de 26 de abril de 1986. Robert Chambers — popularmente conhecido como "Assassino Engomado" [*Preppy Murderer*] — foi prontamente acusado de homicídio doloso no dia após o corpo de Levin ter sido encontrado.

Chambers e Levin deixaram o Dorrian's Red Hand, um bar chique na East 40th Street que serve um público de socialites menores de idade da alta classe de Manhattan, às 4h30 da madrugada do dia 26. Ambos tinham famílias prósperas e aproveitavam os privilégios conferidos a eles pelo seu status: cocaína, identidades falsas e internatos privados exclusivos.

Duas horas depois, o cadáver estrangulado e sexualmente agredido de Levin foi encontrado de barriga para cima sob um olmo atrás do Metropolitan Museum of Art. Segundo o *New York Times* e o Departamento de Polícia de Nova York, o sutiã dela estava enrolado em torno do pescoço.

O título "Eliminator Jr." é ao mesmo tempo um inteligente trocadilho e uma reapelidação mórbida de Chambers, que era bastante "júnior" com seus 19 anos quando — me perdoem — "eliminou" Levin no Central Park.

A agressividade que transparece nessa faixa é aterrorizante e assassina. A performance vocal de Kim é animalesca, perversa e raivosa à medida que ela articula com detalhes gráficos as possíveis sensações de Jennifer Levin naquela noite.

Uma série pornográfica de grunhidos, gemidos e arfadas violentamente sexuais abre a seção vocal. E aí:

Tears cruise away, packed and then took a shit
The sky is ours, dark stains on his pants
Enough to make him blush around the bone
Take a walk in the park, shit yeah!
Poor boy, a rich boy
A poor rich boy comin' right thru me

Remetendo esses versos à vinheta de abertura do disco, vemos a recorrência de temas de angústia sexual/romântica ("Sinta minha falta / Não me descarte"), a realização da previsão dela de que, sim, "nós vamos cair", e a desfiguração irônica do seu pedido lamentoso por alimento interpessoal verdadeiro: "Desejo de espírito." O fato de *Daydream Nation* terminar com imagens de estupro e assassinato pode ser visto como um terrível, ainda que inevitável, subproduto da preocupação do disco com as realidades comprimidas e enlouquecedoras da vida urbana.

Extrodução

Depois de todo esse tatear em busca de acesso ao coração de *Daydream Nation*, ainda não estou certo de que entendi ou de que posso colocar em termos concretos o que é, exatamente, que faz com que esse disco e essa banda brilhem com tamanha intensidade. No fim das contas, talvez tenhamos de voltar ao princípio. Àquela questão inicial sobre o espaço entre as músicas e em torno delas, que lhes dá forma, contorno e relevo. No fim das contas, esse vazio entretecido que de alguma maneira preenche e dá forma à experiência como um todo talvez seja o aspecto mais ressoante da estética do Sonic Youth. Como o espaço flutuante que cerca e reforça as curvas austeras da vela de Richter, no fim das contas talvez sejam os silêncios e interstícios desse disco que lhe dão sua potência. São as brechas e aberturas que moram entre os sons, afinal, que o proporcionam com suas estruturas e seus impactos. Nesse sentido, a natureza essencial do *Daydream Nation* talvez se apresente da maneira seguinte:
Um vazio prenhe.

Discografia

Discos

1982 – *Sonic Youth*
Neutral Records/Zensor

1983 – *Confusion is sex*
Neutral Records/Zensor

1984 – *Sonic Death*
Ecstatic Peace!

1985 – *Bad Moon Rising*
Homestead Records/Blast First

1986 – *EVOL*
SST Records/Blast First

1987 – *Sister*
SST Records/Blast First

1988 – *Daydream Nation*
Enigma Records/Blast First

1990 – *Goo*
DGC Records/Geffen Records

1992 – *Dirty*
DGC Records/Geffen Records

1994 – *Experimental Jet Set, Trash & No Star*
DGC Records/Geffen Records

1995 – *Screaming Fields of Sonic Love*
DGC Records/Geffen Records

1995 – *Made in Usa*
Rhino

1995 – *Washing Machine*
DGC Records/Geffen Records

1998 – *A Thousand Leaves*
DGC Records/Geffen Records

2002 – *Murray Street*
Geffen Records

2004 – *Sonic Nurse*
Geffen Records

2006 – *Rather Ripped*
Geffen Records

2008 – *Hits Are For Squares*
Universal Music

2009 – *The Eternal*
Matador Records

Singles/EPs

1987 – *Master-Dik*
SST Records/Blast First

1989 – *Candle*
Enigma Records/Blast First

1989 – *Touch me I'm Sick*
Sub Pop/Blast First

1990 – *Kool Thing*
DGC Records/Geffen Records

1990 – *Disappearer*
DGC Records/Geffen Records

1991 – *Dirty Boots*
DGC Records/Geffen Records

1994 – *Bull in the Heather*
Geffen Records

1995 – *Turn It Up! Turn It Up!*
Ruta 66

1997 – *SYR1: Anagrama*
Sonic Youth Records

1997 – *SYR2: Slaapkamers met slagroom*
Sonic Youth Records

1998 – *SYR3: Invito al Cielo*
Sonic Youth Records

2002 – *Kali Yug Express*
Geffen Records

2002 – *In the Fishtank*
Konkurrent

2006 – *Incinerate*
Geffen Records

2008 – *SYR7: J'Accuse Ted Hughes*
Sonic Youth Records

© Editora de Livros Cobogó

Editoras
Isabel Diegues
Barbara Duvivier

Editora assistente
Julia Barbosa

Organização da coleção
Frederico Coelho
Mauro Gaspar Filho

Tradução
Julia Sobral Campos

Coordenação de produção
Melina Bial

Assistente editorial
Catarina Lins

Revisão
Eduardo Carneiro

Capa
Radiográfico

Projeto gráfico e diagramação
Mari Taboada

CIP-BRASIL. CATALOGAÇÃO-NA-FONTE
SINDICATO NACIONAL DOS EDITORES DE LIVROS, RJ

S822d
Stearns, Matthew
Daydream nation / Matthew Stearns; tradução Julia Sobral Campos. – 1. ed. – Rio de Janeiro: Cobogó, 2014.
192 p.; 19 cm. (O livro do disco)

Tradução de: Daydream nation
ISBN 978-85-60965-60-1
1. Sonic Youth (Grupo musical). 2. Música. I. Título.

14-17530
CDD: 927.824166
CDU: 929:78.067.26

Nesta edição, foi respeitado o Acordo Ortográfico da Língua Portuguesa de 1990, que entrou em vigor no Brasil em 2009.

Todos os direitos em língua portuguesa reservados à
Editora de Livros Cobogó Ltda.
Rua Jardim Botânico, 635/406
Rio de Janeiro – RJ – 22470-050
www.cobogo.com.br

O LIVRO DO DISCO

Organização: Frederico Coelho | Mauro Gaspar

The Velvet Underground and Nico | *The Velvet Underground*
Joe Harvard

A tábua de esmeralda | *Jorge Ben*
Paulo da Costa e Silva

Estudando o samba | *Tom Zé*
Bernardo Oliveira

Endtroducing...
Eliot Wilder

LadoB LadoA | *O Rappa*
Fred Coelho

NO PRELO

Songs in the Key of Life | *Stevie Wonder*
Zeth Lundy

Unknown Pleasures | *Joy Division*
Chris Ott

2014

1ª impressão

Este livro foi composto em Helvetica.
Impresso pela gráfica Stamppa,
sobre papel Offset 75g/m².